한비자,
난세의 통치학

한비자, 난세의 통치학 : 큰글씨책 ❶

초판 1쇄 발행 2016년 12월 30일

지은이 한비
옮긴이 정천구
펴낸이 강수걸
편집장 권경옥
펴낸곳 산지니
편집 정선재 윤은미 이슬기 문윤호
디자인 권문경 구혜림
등록 2005년 2월 7일 제 333-3370000251002005000001호
주소 부산광역시 해운대구 수영강변대로 140 부산문화콘텐츠콤플렉스 613호
전화 051-504-7070 | 팩스 051-507-7543
홈페이지 www.sanzinibook.com
전자우편 sanzini@sanzinibook.com
블로그 http://sanzinibook.tistory.com

ISBN   978-89-6545-394-9 04150
       978-89-6545-393-2(세트)

*책값은 뒤표지에 있습니다.
*이 도서의 국립중앙도서관 출판시도서목록(CIP)은 e-CIP 홈페이지
 (http://www.nl.go.kr/ecip)에서 이용하실 수 있습니다.
 (CIP 제어번호: CIP2016031924)

큰글씨책

한비자,
난세의 통치학

1 권

한비 지음 • 정천구 옮김

산지니

옮긴이의 말

살다 보면 계획대로 안 되는 일도 있지만, 계획에 없던 일을 하게 되는 경우도 있다. 내가 『논어』와 『중용』, 『맹자』를 번역한 것은 모두 계획에 없던 일들이었다. 그럼에도 즐거웠다. 아마 즐거웠기 때문에 계획에 없었음에도 해낼 수 있었으리라. 이제 또 하나, 계획은커녕 생각조차 하지 않았던 번역을 해서 내놓는다. 『한비자』를 번역한 이 책 『한비자, 난세의 통치학』이다.

『한비자』는 이 시대에 반드시 읽어야 할 고전이라 여겨서 '한비자, 제국의 길을 열다'라는 제목으로 2014년 1월 6일부터 2015년 9월 21일까지 21개월(84주) 동안 강의를 했다. 처음에는 기존의 번역서를 가지고 강의를 했는데, 번역서에 원문만큼이나 어렵고 종잡을 수 없는 부분이 많았다. 『한비자』의 원문이 꽤 까다롭기는 하지만, 번역된 글까지 읽기에 까다로워서는 안 된다는 게 내 생각이다. 원문에 담긴 함의가 깊고 넓어서 단박에 이해할 수 없을지라도 일단 읽는 데에는 어려움이 없도록 번역해야 한다. 이것은 번역의 기본이면서 번역자가 갖추어야 할 예의다. 그럼에도 기존의 번역서들은 표현에서 애매하고 모호한 구석들이 적지 않았고, 심지어는 원문의 내용을 잘못 이해하고 번역한 곳도 적지 않았다. 그러다 보니 경상도 말로 "읽기 상그러벘다." 그래서 『한비자』 중간쯤 되는 26장에 이르러서는 내가 직접 번역해서 그 원고로 강의하는 게 낫겠다 싶어 계획에도 없던 일을 시작한 것이다.

강의를 위해 26장부터 번역하면서 이미 강의했던 1장부터 25장까지도 조금씩 차례로 번역해 나갔다. 그렇게 해서 마지막 강의를 하던 날에는 『한비자』 전체의 초고 번역이 일단 완료되었다. 강의를 마무리한 뒤에는 다시 글을 다듬으며 필요한 곳에 간단한 주석을 덧붙였다. 『한비자』로 한문을 익히려는 사람은 별로 없을 테고 또 원문을 꼼꼼하게 읽으면서 해석을 할 사람이라면 기존의 번역서를 참조하면 충분하리라 여겨서 이 번역에서는 되도록 주석을 달지 않으려 했다. 『한비자』는 주석이 없더라도 번역만 잘하면 내용을 이해하는 데 별다른 어려움이 없는 책이기도 하다. 그래서 누구라도 읽기 쉽도록 정확하고 명료한 번역을 하는 데에 중점을 두었다. 결론적으로, 이 책에서는 원문을 싣지 않았다는 말이다.

『한비자』는 이익을 바라는 사람들이 세상에 존재하는 한 유용한 고전이다. 이 책을 읽고 권모술수를 부리라는 말이 아니다. 권모술수는 아무나 부릴 수 있는 게 아니다. 비록 상앙과 한비가 인간은 '이익을 좋아하는 본성'을 타고났다고 말했고 또 실제로 인간에게는 그러한 면이 다분하지만, 대부분의 사람들은 그릇된 방법이나 음흉한 수법으로 이익을 취득하는 데에 익숙하지도 않고 또 그럴 능력도 모자란다. 그런데 세상에는 능하든 능하지 않든 권모술수를 쓰려는 자가 어디에나 꼭 있어서 언제든지 맞닥뜨릴 수 있다. 그럴 때 그런 자에게 농락당하지 않으려면 그런 자들의 심리와 태도, 행동방식 따위를 잘 알고 있어야 한다. 『한비자』의 유용성은 여기에 있다. 요컨대 『한비자』는 치열한 경쟁과 암투, 부정과 모순 따위가 빚어내는 인간의 갖가지 행태들을 예리하게 분석해 놓았으므로 이를 읽고 깊이 이해하는 일은 혼탁한 세상을 무탈하게 살아가는 길이라는 말이다. 무엇보다도 유교적 사고방식에 익숙해 있는 사람들, 즉 한국인들에게는 더없이 필요하고 긴요한 책이다.

그렇다고 해서 『한비자』를 한낱 처세술이나 적어놓은 책으로 치부해서는 안 된다. 『한비자』의 핵심은 통치술에 있다. 시쳇말로 정치학과 경영학을 아우른 고전이다. 근래에 '한비자'를 제목으로 내건 많은 책들이 나오고 있는데, 대부분 처세술이나 인간관계론쯤으로 『한비자』를 다루고 있다. 이는 『한비자』의 일면만 본 것이고 변죽만 울리는 것이나 다를 바 없다. 『한비자』는 한 개인에서 집안, 나아가 기업이나 국가가 어지러워졌을 때, 다시 바로잡고 우뚝 설 수 있는 토대를 마련하는 데에 긴요한 방침과 방책들을 일목요연하게 서술해놓은 책이다. 그러하므로 『한비자』는 어떤 형태의 조직이든 그 속에서 생업을 영위해 나가야 하는 현대인들이 조직의 생리를 파악하고 꿰뚫어보는 데에도 더없이 유익한 고전이다.

무한경쟁의 시대에서 성공을 꿈꾸는 사람이라면 반드시 이 『한비자』를 통독하고 음미하기를 권한다. 다만 성공을 하는 과정에서 남들을 짓밟지 않고 포용하며 성공을 한 뒤에도 어떠한 원망을 듣지 않기를 바란다면, 『논어』를 아울러 정독하기를 권한다. 내가 번역하고 풀이 한 『논어, 그 일상의 정치』가 있으니, 참조하시기를.

이제 나 스스로 기존의 어떤 번역서들보다 더 명료하고 평이하게 번역했다고 자부하는 『한비자』를 내놓는다. 부디 독자들께서는 이 책을 읽으면서 깊이 음미하여 인간사의 실상과 이치를 깨닫고 무한경쟁의 세태 속에서 유유자적하며 돌파할 수 있는 밑천을 마련하기 바란다.

끝으로 21개월 동안 '한비자, 제국의 길을 열다' 강의를 들으면서 함께 이야기를 나누며 이 책을 번역할 계기를 마련해주고 자극을 주신 여러분께 감사드린다. 그분들이 없었더라면 이 책은 세상에 나오지 못했을 것이다. 또 여태껏 그래왔듯이 이 방대한 원고도 꼼꼼하게 검토하고 깔밋하게 편집해준 산지니 출판사 식구들에게도 깊이 감사드린다.

2015년 12월 30일, 금정산 자락의 낙서재에서
옮긴이 정천구 쓰다

차례

일러두기

1. 이 번역은 장각(張覺)의 『한비자전역(韓非子全譯)』(귀주인민출판사, 1992)을 저본으로 삼고, 소증화(邵增樺)의 『한비자금주금역(韓非子今註今譯)』(대만상무인서관, 1982)을 참조했다.
2. 번역의 정확성과 명료성을 위해 진기유(陳奇猷)의 『한비자집석(韓非子集釋)』(상해인민출판사, 1974)과 카나야 오사무(金谷治) 역주의 『한비자』1~4(岩波書店, 1994)도 참조했다.
3. 이 번역을 위해 참고한 우리말 번역서들은 다음과 같다.
   노재욱 · 조강환 집석, 『한비자』 상 · 하(자유문고, 1994)
   이운구, 『한비자』 I · II (한길사, 2002)
   신동준, 『한비자』(인간사랑, 2012)

『한비자』, 난세의 통치학

『도덕경』38장에 이런 대목이 나온다.

"그러므로 도를 잃은 뒤에 덕을 말하고, 덕을 잃은 뒤에 어짊을 말하며, 어짊을 잃은 뒤에 의로움을 말하고, 의로움을 잃은 뒤에 예의를 말한다. 저 예의란 참됨과 미쁨이 엷어진 것이고, 어지러움의 꼬투리다."(故失道而後德, 失德而後仁, 失仁而後義, 失義而後禮, 夫禮者, 忠信之薄, 而亂之首.)

이 구절은 전국시대 이후에 전개된 역사적·사상적 흐름, 특히 유가사상의 전개를 아주 제대로 짚은 것이라고 할 만하다. 물론 여기서 말하는 도와 덕이 단순하게 유가에서 말하는 것과 일치한다고 말할 수는 없으나, 어쨌든 공자로부터 순자에 이르기까지 여러 유가 사상가들이 강조했던 바를 일목요연하게 정리해서 보여주고 있는 것만큼은 분명하다.

『논어』에서 공자는 '도가 행해지지 않는 시대'를 운운하면서 나아가고 물러날 때를 잘 알고 처신해야 한다고 말했는데, 그러면서 그는 '덕'을 강조했다. 예법이 무너진 시대였으므로 예법을 강조하기도 했지만, 예법에 걸맞은 덕을 갖추어야 함을 특히 역설했다. 그 덕 가운데 핵심이 바로 '어짊'이었음은 불문가지다. 『논어』「팔일(八佾)」편에서 "사람이 되어서 어질지 못한데, 예의는 차려서 무엇 하겠는가? 사람이 되어서 어질지 못한데, 음악을 갖춘들 무엇 하겠는가?"(人而不仁, 如禮何? 人而不仁, 如樂何?)라고 한 말에서 단적으로 드러난다.

공자 사후에 그 제자들이 곳곳에서 활동하며 공자의 사상을 나름대로 전파하는 데 힘썼고, 그리하여 유가는 하나의 학파로서 우뚝 섰다. 그럼에도 공자의 생전보다 더 혼탁해지고 혼란해진 시대에 걸맞은 사상적 변화와 유연한 대처가 없었던 탓에 유가는 차츰차츰 묵가(墨家)에 밀려나 존재감이 희미해졌다. 전국시대 중기에는 맹자가 공자의 학문을 달리 배울 데가 없어서 여기저기서 주워들으며 사숙(私淑)할 수밖에 없었던 상황이 되었다.

어쨌든 퇴색해가던 유가의 학문을 되살리되 역사적 상황을 도외시할 수 없었기 때문에 맹자는 어짊과 나란히 '의로움'을 내세워 전란과 폭정이 거듭되는 시대를 질타했다. 그러나 점점 더 제후국들 사이에 경쟁과 대립이 격화되면서 제후들의 관심은 오로지 부국강병에만 쏟아졌고, 그 결과 백성들은 더욱더 가혹한 세금에 시달리면서 시도 때도 없이 전쟁터에 내몰렸다. 이런 상황에서는 이미 어짊도 의로움도 찾아볼 수 없었다. 형식적으로나마 예의를 갖추고 예법을 차리는 것조차 쉽지 않은 시대가 되었다. 이때 순자는 「예론(禮論)」을 지어 폭주하던 시대에 제동을 걸려고 했으나, 이 또한 여의치 않았다.

『도덕경』에 나오는 대로 순자가 예의를 강조한 시대는 바로 전국시대가 막바지에 이르고 진(秦)나라가 막강한 군사력과 경제력을 앞세워 천하를 호령하던 때였다. 군주와 신하들 사이에는 이미 참된 마음이 엷어졌고, 통치자와 백성들 사이에도 미쁨은 찾아보기 어려워졌다. 참된 마음과 미쁨이 엷어진 탓에 혼란이 거듭된 것인지 아니면 혼란이 거듭됨으로써 참됨과 미쁨이 엷어진 것인지 그 선후는 알 수 없으나, 이미 시대가 혼란의 끄트머리에 이르렀던 것은 분명하다.

그런데 바로 그 혼란의 끄트머리가 통일의 기운이 무르익고 제국의 질서가 구현될 실마리였다는 데에 역사의 아이러니가 있다. "되돌아가는 것이 도의 움직임이다"(反者, 道之動)라고 통찰한 『도덕경』의 말대로 혼란은 다시 새로운 국면으로 접어들고 있었던 것이다. 이런 극심한 혼란을 바로잡고 새로운 질서를 세우며 거대한 전환의 시대를 마련하는 데 있어 결정적인 기여를 한 것은 바로 법가의 통치철학이었다.

맹자의 왕도는 멀어지고

『논어』의 첫머리는 '학(學)'으로 시작된다. 겸손했던 공자가 자부한 '호학(好學)'에 걸맞은 시작이다. 공자가 사학(私學)의 개조로서 또 위대한 교육자로서 칭송되는 까닭도 여기에 있다. 어쨌거나 『논어』라는 텍스트와 그 주인공인 공자의 사유체

계에 있어 근간이 되는 것이 무엇인지를 '학'이라는 한 글자로 충분히 짐작할 수 있으니, 그만큼 텍스트의 첫 구절, 첫 장면은 의미심장하다. 마찬가지로 『맹자』에서도 그 첫머리에 맹자라는 인물의 성격과 지향, 그 사상적 특성을 충분하게 엿볼 수 있는 이야기와 용어가 등장한다.

맹자의 나이 쉰셋으로 추정되는 기원전 320년 즈음에 맹자는 양(梁)나라 즉 위(魏)나라 혜왕(惠王)의 초청을 받아서 서쪽으로 먼 길을 여행했다. 이윽고 혜왕을 만났을 때, 혜왕은 간절한 마음으로 맹자에게 말했다.

"선생께서는 천 리를 멀다 않고 오셨는데, 분명히 내 나라를 이롭게 할 방도가 있으시겠지요?"

전국시대 초기 문후(文侯)와 무후(武侯)라는 걸출한 군주의 통치 하에 위세를 떨치던 위나라는 혜왕 때에 이르러 잦은 전쟁과 여러 차례의 패배로 약화되다가 마침내 진(秦)나라와 싸워서 지는 바람에 도성을 안읍(安邑)에서 동쪽 대량(大梁, 지금의 개봉시)으로 옮겨야 하는 상황에 이르렀다. 그 때문에 '위'가 아닌 '양'이라는 국호를 썼다. 이미 동쪽의 제나라와 싸워서 크게 지는 바람에 태자를 잃었는데 또 진나라에게도 광대한 영토를 잃었으니, 혜왕으로서는 절치부심하며 부국강병의 비책을 찾지 않을 수 없었던 상황이었다. 현자로 알려져 있던 맹자를 만나자마자 위에서처럼 물었던 것은 지극히 당연하다. 그런데 맹자는 이 물음에 대해 이렇게 대답했다.

"왕께서는 어찌 꼭 이로움을 말씀하십니까? 오로지 어짊과 의로움이 있을 따름입니다. 왕께서 '무엇으로 내 나라를 이롭게 하지?'라고 말씀하시면, 대부는 '무엇으로 내 집안을 이롭게 하지?'라고 말하고, 뭇 선비들은 '무엇으로 나를 이롭게 하지?'라고 말할 것입니다. 이렇게 위와 아래가 서로 다투어 이로움을 구한다면, 그 나라는 위태로워집니다."

맹자의 이 말은 우선 당시의 시대 상황을 여실하게 드러낸다. 전국시대 들어서 각 제후국의 군주들은 자기 나라를 부강하게 하려고 애썼는데, 그러자 대부는 자기 집안을 부유하게 만들려고 애쓰고 선비는 자신의 출세와 명리를 꾀하느라 애쓰는 일이 당연하게 되었다. 이것이 지배층 내에서 서로 권력을 잡고 이익을 얻으려 음모와 술

수가 난무하게 된 원인이었고, 수많은 책사들이 대접받게 된 이유이기도 했다. 이렇게 지배층에서 권력과 이익을 다투고 있을 때, 나라의 근간인 백성들은 아무런 보살핌을 받지 못하고 오히려 갈수록 심해지는 착취와 억압에 목숨을 부지하는 것조차 바라기 어려워지고 있었다. 맹자가 "백성이 가장 귀하고, 사직은 그 다음이며, 군주는 가볍다"(民爲貴, 社稷次之, 君爲輕)고 말한 까닭도 버림받고 있는 백성에 대한 안타까움과 탐욕적이면서 안일한 지배층에 대한 분노 때문이었다.

『맹자』 첫머리의 문답은 전국시대 중기가 어떠한 시대였는지를 단적으로 보여주며, 맹자가 지향한 바가 또 무엇이었는지도 잘 보여준다. 맹자가 공자와 달리 어짊의 하위 덕목 가운데 하나였던 '의로움'을 전면에 내세운 것은 그 시대가 더욱 각박해지고 혼란스러워져서 더 이상 '어짊'이 통하지 않는 시대가 되었음을 의미한다. 맹자가 혜왕에게 "푸줏간에는 기름진 고기가 있고 마구간에는 살진 말이 있는데도 백성들에게는 굶주린 기색이 있고 들판에는 주려 죽은 주검이 널려 있다면, 이는 짐승을 몰아서 사람을 잡아먹게 한 것입니다"라고 말한, 그런 시대였던 것이다.

어짊을 행하는 정치가 이른바 '왕도 정치'인데, 의로움이 어짊을 대신해야 하는 시대가 되는 바람에 왕도 정치는 더 이상 기대하기 어려워졌고 맹자 자신도 그렇게 느꼈다. 맹자가 왕도의 시작을 고작 "산 사람을 먹여 살리고 죽은 사람을 장사지낼 때 섭섭함이 없는 것"이라고 말한 데서도 확인된다. 어짊을 정치적으로 실현하는 것은 하마 멀어져가고 있었기 때문에 그렇게 말한 것이다. 양나라 양왕(襄王)이 누가 천하를 통일하리라 생각하느냐고 물은 데 대해, "사람 죽이기를 좋아하지 않는 자가 통일시킬 수 있다"고 대답한 것도 왕도가 실현되기는 난망하다는 사실을 스스로 인지하고 또 인정한 것이나 다름이 없다. 그러고 보면, 맹자가 왕도정치를 주창한 것을 '각주구검(刻舟求劍)'이라고 비난하더라도 그다지 틀린 말은 아니다.

순자, 예치를 말하다

"어떤 이들은 선왕의 법을 얼추 본받기는 했으나

22

그 본줄기는 알지 못하며, 그런가 하면 재주가 대단하고 뜻은 크지만 견문이 이리저리 뒤섞여 있다. 지난 일을 상고하여 학설을 만들고는 그것을 오행이라 부른다. 아주 치우쳐서 조리에 맞지 않고, 넌지시 감추고는 밝히지 않으며, 막히고 간략해서 알맞은 해명이 없는데, 그럼에도 언사를 꾸며서는 그런 주장을 아주 공경하며 말하기를, '이야말로 참으로 앞선 군자의 말이로다'라고 한다. 자사(子思)가 앞서 주장하고, 맹자가 그에 화답하였다."

『순자』「비십이자(非十二子)」편에 나오는 한 대목이다. 이 글을 보면, 순자가 맹자를 맹렬하게 비난한 것은 맹자가 공자의 사상을 제대로 이해하지 못하고 왜곡했다고 여겼기 때문이다. 여기에는 공자의 사상을 오롯하게 계승한 사람은 자신뿐이라는 자부심이 배어 있다. 그런데 맹자가 공자와 다른 주장을 폈다는 것은 옳지만, 왜곡했다는 것은 지나치다. 난세라고 해서 다 똑같은 난세가 아니다. 그러니 난세를 종식시킬 처방 또한 달라지게 마련이고, 처방이 다르다면 그 사상적 근거나 내용 또한 달라질 수 있다. 무릇 철학이나 사상은 역사적 산물이기 때문이다. 따라서 맹자가 공자와 다른 주장을 편 것은 시대적 상황이 달라졌기 때문이라고 보는 것이 타당하다. 일부러 공자와는 다른 주장을 펴려 했던 것이 아니다. 만약 공자의 사상을 그대로 계승했다면, 맹자는 결코 높이 일컬어지지 못했을 것이다. 그리고 순자 또한 맹자와 달랐을 뿐 아니라 공자와도 사뭇 다른 사유의 궤적을 보여주었는데, 이 또한 시대적 상황이 달라졌기 때문이다.

순자가 살았던 시대는 더욱더 암울했다. 통치자는 더럽고 지저분하며 억누르고 도둑질하는 방법으로 백성들을 이끌었고, 신하들은 권모술수를 부리고 위아래를 뒤집어엎는 짓을 예사로 보여주었다. 정치와 교화는 제대로 실행되지 않았으니, 어리석은 자들이 지혜로운 사람에게 명령을 내리고, 못난 자들이 현명한 자들을 부리는 지경이었다. 올바르고 현명한 사람은 쓰이지 않았고, 변설에 능하고 술수를 잘 부리는 자가 사사로운 이익을 얻는 시대였다. 더구나 끊임없는 부역과 전쟁 동원으로 백성들의 생활은 더욱더 가난하고 어려워졌으며 힘들고 고달팠다. 순자는 이런 세태에서는 "백성들은 임금을 독사처럼 천하게 보고 귀신처럼 미워한다"고 표현했다. 맹자가 말한 왕자의 법도로 정치를 행할 수 있는 시대가 결코 아니었다는 말이다. 그래서 순자는 패도(覇道)의 가능성을 새롭게 말했는데, 「왕패(王覇)」를 쓴 이유도 거기에 있다. 패도는 맹자가 극도로 꺼렸던 방식이다.

순자는 "패자의 법도로 정치를 행하고, 패자에 어울리는 사람과 더불어 정치를 행하면 패자가 된다"고 하고 또 "자신은 능력이 없지만 두려워할 줄 알아서 능력 있는 사람을 구한다면 강자가 될 수 있다"고 말했다. 「부국(富國)」에서는 나라를 부유하게 하는 방법에 대해 논했고, 「강국(彊國)」에서는 나라를 강하게 해야 한다고 역설했다. 법가 사상가들이 중시하는 올바른 상벌을 시행해야 할 필요성을 거론한 점도 새롭다. 그러나 순자는 유자답게 병력이 많고 부유한 것만으로는 잘 다스린다고 할 수 없다고 했다. 예의를 바탕으로 하여 도의에 맞는 정치를 펴야만 진정한 강국이 된다고 보았다.

"나라에 예의가 없으면 바르게 다스려지지 않으니, 예의라는 것은 나라를 바르게 다스리는 근본이다. 그것은 마치 저울이 무거운 것과 가벼운 것을 가늠하는 근본이 되고, 먹줄이 곧은 것과 굽은 것을 가늠하는 근본이 되며, 그림쇠와 곱자가 네모와 동그라미를 가늠하는 근본이 되는 것과 같다. 그런 근본이 놓여 있으면 누구도 속일 수 없다."(「왕패」)

정치와 교화의 근본을 예의라고 했다. 『도덕경』에서 말했듯이 의로움을 잃은 뒤였으므로 예의가 강조된 것이다. 그런데 이 예의는 공자가 말한 예의와 달리 어짊과 의로움에 의한 왕도 또는 덕치에서 포상과 형벌에 의한 법치로 넘어가는 과도기의 해법으로서 예의였다. 순자는 스스로 "법은 다스림의 실마리고, 군주는 법의 밑바탕이다"(「군도」)라고 말한 데서 드러나듯이 법치를 아우른 예치(禮治)를 주장한 셈이다. 그럼에도 역사의 대세는 이런 예치조차 허용하지 않았다. 오로지 법치라야 해법의 구실을 할 수 있었던 시대였다. 순자의 문하에서 이사(李斯)와 한비(韓非)가 나올 수밖에 없었던 것도 이 때문이다.

법치, 상앙에서 한비까지

전국시대 들어서 유가 사상이 맹자로 이어지고 다시 순자로 이어지는 동안 다양한 학파들이 등장하여 각기 나름대로 난세의 해법을 제시했다. 그러나 제후들이 바랐던 것은 부국강병이었고, 그런 점에서 가장 실질적이고 현실적인 길을 걸었던 것은 법가였다. 법가는 전국시대의 시작과 함께 등장하였다. 물론 춘추시대 제나라의 관중(管仲)과 정(鄭)나라의 자산(子産)에서 그 연원을 찾는 경우도 있으나, 아무래도 전국시대가 되어서야 본격적이면서 체계적인 법가 사상가들이 활약했다고 보는 것이 타당하다.

전국시대 초기에 위세를 떨쳤던 위나라에서 문후를 섬기며 법치를 확립하고 강병의 기틀을 마련한 이회(李悝, 기원전 445?~396?)와 오기(吳起, 기원전 440?~381)가 법가의 선도자에 해당한다. 특히 이회는 진한(秦漢) 제국에까지 영향을 끼칠 법전을 편찬했으니, 진정한 법가 사상가로 볼 수 있다. 『진서(晉書)』「형법지(刑法志)」에는 이런 기사가 나온다.

"진한(秦漢)의 옛 율은 위나라 문후의 스승 이회에
서 비롯되었다. 이회는 여러 나라의 법들을 바탕
으로 편찬하여 『법경(法經)』을 지었다. 왕자의 정
치는 도적(盜賊)을 다루는 것보다 긴급한 것은 없
다고 여겼으므로 그 율은 「도(盜)」와 「적(賊)」에서
시작된다. 도적은 반드시 체포되어야 하므로 「망
(網)」과 「포(捕)」 두 편을 지었다. 경교(輕狡)·월
성(越城)·박희(博戲)·차가불렴(借假不廉)·음치
(淫侈)·유제(踰制) 등을 싸잡아 「잡률(雜律)」 한
편을 지었다. 또 「구율(具律)」로써 덧붙이거나 뺐
다. 이렇게 해서 지은 것이 여섯 편이 되었는데, 모
두 죄명을 규정했다. 상앙은 이를 받아들여서 진
(秦)나라의 재상이 되었다. 한(漢)은 진(秦)의 제
도를 계승했는데, 소하(蕭何)가 율을 정할 때 삼족
을 멸하는 연좌제를 없애고 부주견지(部主見知)의
조항을 늘이면서 흥(興)·구(廐)·호(戶) 세 편을
더해 모두 아홉 편이 되었다."

이회가 제정한 법률이 얼마나 크게 또 지속적

으로 영향을 끼쳤는지 충분히 엿볼 수 있다. 이러한 법률을 토대로 하여 귀족들이 대대로 신분과 녹봉을 이어받던 세경세록제(世卿世祿制)를 폐지하고, 경제적으로는 관개와 농법을 개선하고 곡물 가격과 시장을 국가의 통제와 규제 아래에 두었다. 이것으로 부국과 강병을 이룩했음은 더 말할 나위가 없다.

대체로 병법가로 알려져 있는 오기 또한 법가적인 면모를 지니고 있었다. 그는 노나라에서 위나라로 가 문후를 섬기며 위나라의 강병에 기여했다. 그러나 문후의 뒤를 이은 무후에게 의심을 받는 일이 생기자 죄를 입게 될까 두려워서 초나라로 가서 도왕(悼王)을 섬겼다. 재상으로 임명되자 오기는 법령을 정비하고 긴요하지 않은 관직을 없애며 왕실과 먼 왕족들의 봉록을 없애 그 재원으로 군사를 길렀다. 한마디로 부국강병책을 실행했던 것이다. 비록 그의 정책으로 깊은 반감을 품고 있던 귀족 원로들에 의해 죽임을 당하기는 했으나, 그의 정책은 성공적이었다. 이는 법가적 해법이 유효했음을 의미한다.

전국시대 중기에 가장 탁월했던 법가 사상가는

상앙(商鞅, ?~기원전 338)이다. 그는 위(衛)나라 공족(公族) 출신으로, 본래 성은 공손(公孫)이다. 젊어서부터 법가의 학문을 좋아했다고 하는데, 위(魏)나라의 재상 공숙좌(公叔座)를 섬기면서 위나라에서 활약한 이회의 학문을 배우고 익혔으리라 짐작된다. 공숙좌가 죽은 뒤에 위나라를 떠나 진(秦)나라로 가서 효공(孝公)을 만나 신임을 받아 비로소 기용되었다.

효공의 절대적인 신임을 받으며 상앙은 진나라의 정치와 사회 제도를 근본부터 개혁했다. 이를 '변법(變法)'이라 한다. 상앙의 변법도 부국강병과 군주의 권력 강화를 핵심으로 한다. 현재 전하는 『상군서(商君書)』는 대체로 그의 저술로 간주되는데, 거기에 자세한 내용이 실려 있다. 부국강병을 위해서 황무지를 개간하도록 권장하면서 백성들이 농업에 종사하도록 해서 농업 생산량 증대를 꾀했고, 백성들이 경작하면서 싸우도록 하는 '농전(農戰)'을 강조했으며, 도량형의 표준을 정하고 군공(軍功)에 따라 작위와 토지, 가옥 등을 내리는 정책을 폈고, 법령을 엄정하게 시행해서 상벌로써 백성들을 길들였으며, 유가에서 중시하는 고

전 교육을 금지시켰고, 세습 귀족들의 봉토를 폐지하여 그들의 권력을 약화시키고 군주의 권력을 강화했다. 특히 가혹한 형벌을 가함으로써 가벼운 죄조차 짓지 않도록 하는 정책을 써서 훗날에 비난을 받기도 했으나, 혼란한 시대에는 매우 적절한 조치였음이 입증되기도 했다.

상앙도 오기처럼 반감을 품고 있던 귀족들에 의해서 효공 사후에 모함을 받아 거열형(車裂刑, 머리와 사지를 다섯 수레에 나누어 묶고 찢어 죽이는 형벌)에 처해졌지만, 그의 정책은 결코 폐기되지 않았다. 이는 그가 실행한 정책이 충분히 인정받았으며 그의 생전에 그 정책이 확고하게 뿌리를 내리고 있었음을 의미한다. 그리고 실제로 백 년 뒤 진시황이 중국을 통일할 수 있는 기반이 되었다.

변법을 실행한 상앙이 법에 초점을 맞추었다면, 그보다 앞서 활동했던 신도(愼到, 기원전 395~315)는 '세(勢)'를 강조했고 신불해(申不害, 기원전 385?~337)는 '술(術)'을 중시했다. 신도가 말한 '세'에 대해 한비는 이렇게 전하고 있다.

"하늘을 나는 용은 구름을 타고, 하늘을 오르는 뱀

은 안개 속에 노닌다. 구름이 걷히고 안개가 걷히면 용과 뱀은 지렁이나 개미와 같아지는데, 그것은 탈 것을 잃었기 때문이다. 현명한 사람이 못난 자에게 굽히는 것은 권세가 가볍고 지위가 낮기 때문이며, 못난 자가 현명한 자를 굴복시키는 것은 권세가 무겁고 지위가 높기 때문이다."(『한비자』「세난」)

'세'는 곧 권세다. 이를 강조한 것은 법가가 군주의, 군주를 위한, 군주에 의한 통치술을 내세우고 있음을 의미한다. 그런데 군주가 권세를 충분히 활용하여 통치하기 위해서는 먼저 권세를 넘보는 신하들을 제압할 수 있어야 한다. 신하들을 제압하여 권세를 빼앗기지 않으면서 군주의 뜻대로 통치하기 위해서는 '술'이 필요하다. 그래서 신불해는 이 '술'을 강조했던 것이다. 이 술에 대해 한비는 "술은 군주가 신하의 능력에 따라 관직을 주고 신하의 건의에 따라 실적을 따지며 생살여탈권을 쥐고 뭇 신하들의 능력에 등급을 매기는 것을 이른다. 이는 군주가 단단히 쥐고 있어야 하는 것이다"(『한비자』「정법」)라고 말했다.

신불해는 한나라 소후(昭侯, 기원전 362~333 재위) 아래에서 15년 동안 재상을 지내면서 다른 제후국들이 한나라를 침략하지 못하도록 했다. 그러나 '술'은 군주가 은밀하게 쥐고서 신하들을 제어하는 기술이어서 나라를 안정적으로 또 지속적으로 통치하는 데에는 한계가 있었다. 이에 대해 한비는 "(신불해는) 법을 장악하지 못하고 법령을 하나로 통합하지 못해 나라에 간사한 일이 많이 생겼다"고 했는데, 이는 신불해가 법보다 술에 치중한 탓에 생긴 병폐를 지적한 것이다. 신불해가 15년 동안 재상으로 있었음에도 한나라가 실질적인 부국강병을 이루지 못하고 쇠퇴한 까닭도 법을 소홀히 했기 때문이다.

신도와 신불해, 상앙 등의 활약은 법가의 통치술이 난세에 얼마나 유용하고 또 효과적인지 잘 보여준다. 그러나 이들의 사상은 그 유용성 못지않게 한계도 지니고 있었는데, 이를 가장 잘 파악하여 그 부족한 부분들을 메우고 심지어 다른 사상까지 아우르면서 법가 사상을 집대성한 이가 바로 한비(韓非, 기원전 280?~233)다. 한비는 전국 칠웅 가운데서 가장 허약했던 한(韓)나라 공실 출신으로, 형명(刑名)과 법술의 학문을 좋아했다고 한다. 그럼에도 이사(李斯)와 함께 순자 문하에서 수학했으므로 그의 학문도 결코 단순하지 않다고 보는 것이 타당하다. 실제로 그가 지은 『한비자』는 유가와 노자의 사상도 아우르고 있다.

한비가 법치에 마음을 쏟은 것은 영토가 나날이 줄어들고 쇠약해져 가고 있던 조국 한나라를 바로 세우고자 하는 열망에서였다고 해도 과언은 아니다. 그리고 조국에서 법치를 실행하고자 했다. 한비는 왕 한안(韓安)에게 여러 차례 글을 올려 간언하여, 법과 제도를 닦아서 바로 세우고 군주가 권세를 확고하게 잡아 신하들을 부리며 나라를 부유하게 하고 군대를 튼튼하게 하며 인재를 찾아서 기용해야 한다고 했다. 그러나 왕은 그의 의견을 받아들이지 않았다. 오히려 현명한 사람을 기용하지 않고 소인배를 등용했으며, 공적이 없는 자를 윗자리에 앉히면서 패망의 길을 재촉했다.

기원전 233년, 진(秦)나라가 천하 통일의 행보를 거침없이 보이자 위협을 느낀 한나라의 왕은 부랴부랴 한비를 진나라에 사신으로 보냈다. 그러나 이는 때늦은 몸부림일 뿐이었다. 한비만 이사와 요고(姚賈)에 의해 억류되었다가 독약을 먹고 죽었다. 그리고 3년 뒤, 진나라는 한나라를 공격해서 왕을 사로잡고 그 땅을 한낱 군으로 삼았다. 이로써 한나라는 멸망했다.

한비는 군주를 설득시키는 일이 참으로 어렵다는 것을 실감했기 때문에 「난언(難言)」과 「세난(說難)」을 짓고, 자신과 자신의 의견이 쓰이지 못하고 소인배들이 등용되는 현실 속에서 「고분(孤憤)」을 짓고, 나라가 망하는 여러 징조를 한나라에서 목도한 까닭에 「망징(亡徵)」을 지었으리라. 또 진나라가 한나라를 침략하려는 것을 필사적으로 막아보려고 「존한(存韓)」을 썼다. 한나라가 망하고 한비가 허망하게 죽임을 당했다고 해서 그의 저술을 무용지물로 보아서는 안 된다. 그의 의견이 묵살되고 그의 사상이 실행되지 못한 탓일 뿐이다.

예나 이제나 『한비자』는 난세를 헤쳐나가려 할 때에 다른 어떤 학파의 저술보다 절실하고 긴요하게 읽혔다. 무엇보다도 진시황이 천하를 통일하여 제국을 건설한 뒤로 법가 사상은 제국의 통

치와 질서 유지에 있어 근간이었다. 한(韓) 무제
(武帝) 이후로 유교가 정치 이념으로 자리를 잡았
음에도 법가의 통치 방식은 그대로 지속되었다.
이를 흔히 '외유내법(外儒內法)'이라 한다. 이는 오
늘날에도 크게 다르지 않다. 중국이 사회주의를
표방하고는 있지만, 그 정치를 잘 살펴보면 법가
사상이 짙게 배어 있다.

지정학적으로 중국과 밀접한 관계를 맺을 수밖
에 없는 한국으로서는 『한비자』를 그 어떤 고전
보다 중시하고 잘 파악하고 있어야 한다. 더구나
선진국을 지척에 두고서 갖가지 병폐로 몸살을
앓으며 정치적으로 사회적으로 문화적으로 제자
리걸음을 하고 있는, 아니 정확하게는 안으로 곪
아서 썩어가고 있는 한국으로서는 기본과 원칙,
엄정성과 공정성을 기반으로 부국강병을 논하는
법가사상을 집대성한 『한비자』를 반드시 읽어야
한다. 처세술의 차원에서가 아니라 통치술의 차원
에서 읽어야 한다.

1장

초견진(初見秦),
진나라 왕을 만나 아뢰다

신[1] 한비는 "알지 못하면서 말하는 것은 지혜롭지 못하고, 알면서 말하지 않는 것은 충성스럽지 못하다"고 하는 말을 들었습니다. 신하가 되어서 충성스럽지 못하면 죽어 마땅하며, 한 말이 합당하지 않으면 역시 죽어 마땅합니다. 그렇기는 하지만 신은 지금까지 들어 알고 있는 것을 빠짐없이 말씀드리려 합니다. 죄가 있고 없고는 오로지 대왕께서 판단하실 일입니다.

---

1) 한(韓)나라 출신인 한비가 어느 때 진(秦)나라에 들러 왕에게 자신의 견해를 펼치면서 쓴 글이므로 스스로 '신(臣)'이라 일컬었다. 이때 진나라 왕은 진시황일 것으로 여겨진다.

제가 들으니, 지금 천하는 조(趙)나라를 중심으로 북으로는 연(燕)나라와 남으로는 위(魏)나라와 맺고, 초나라와 연합하고 제나라와 결속을 다지며, 한(韓)나라를 끌어들여 합종을 이루어 서쪽으로 강성한 진(秦)나라에 맞서 전쟁을 일으키려 한다고 합니다. 저는 가만히 이를 비웃었습니다. 세상에는 나라를 망치는 세 가지 길이 있는데, 천하가 이 지경에 이른 것을 가리키는 듯합니다. 제가 듣기로는, "어지러운 나라가 다스려지는 나라를 공격하면 망하고, 사악한 나라가 의로운 나라를 공격하면 망하며, 도리를 거스르는 나라가 도리를 따르는 나라를 공격하면 망한다"고 했습니다.

지금 천하를 보니, 제후들의 창고는 채워져 있지 않고 곳간은 텅 비어 있는데도 사인(士人)들과 백성들을 모두 끌어모아서 수십만 명에서 백만 명에 이르는 군대를 편성하고 있습니다. 머리가 땅에 닿도록 절하고 깃 달린 투구를 쓰고서 장수를 위해 목숨을 바치겠다며 앞장서는 자는 천 명이 채 되지 않습니다. 모두 기꺼이 죽겠다고 말은 하지만 막상 시퍼런 칼날이 눈앞에서 번쩍이면 뒤에서 형벌로 다스리겠다고 위협을 해도 뒤돌아서서 달아나며 죽으려 하지 않습니다. 이는 사인과 백성이 죽으려 하지 않는 것이 아니라 위에 있는 자가 그렇게 하지 못하게 했기 때문입니다. 말로는 상을 준다고 하면서도 상을 주지 않고, 말로는 벌을 준다고 하면서도 실행하지 않아 상벌을 믿지 않게 된 것입니다. 그래서 사인들과 백성들이 죽지 않으려 하는 것입니다.

그러나 지금 진나라는 호령이 내리면 상벌이 실행되고 공로가 있는 자와 없는 자를 분명하게 가릅니다. 살아 있는 동안 부모의 품을 떠나서 적을 본 적도 없는데 전쟁이 났다는 얘기를 들으면 발을 구르며 달려가 맨몸으로 날카로운 칼에 맞서고 뜨거운 불길도 밟으며 모두 앞장서서 기꺼이 죽으려 합니다. 무릇 기꺼이 죽으려는 것과 살아남으려 애쓰는 것은 같지 않은데, 백성들이 그렇게 하려는 것은 힘을 다해 싸우다 죽는 것을 귀하게 여기기 때문입니다. 한 사람이 힘을 다해 싸우다 죽으려 하면 열 명을 대적할 수 있고, 열 명이 그렇게 하면 백 명을 대적할 수 있으며, 백 명이 그렇게 하면 천 명을 대적할 수 있고, 천 명이 그렇게 하면 만 명을 대적할 수 있으니, 만 명이 그렇게 하면 천하의 모든 적을 이길 수 있습니다.

　이제 진나라는 그 땅의 긴 데를 잘라 짧은 데 이어붙이면 사방 수천 리가 되고, 정예 군사도 수십만 명에 이릅니다. 진나라는 호령이 엄정하여 상벌이 공정하게 실행되고 지형도 이쪽에 유리하고 적에게 불리하니, 천하에 이런 나라는 없습니다. 이런 나라가 천하의 제후들과 싸운다면 천하를 다 차지하고도 힘이 남습니다. 이런 까닭에 진나라가 싸우고서 이기지 못한 적이 없고 성을 공략하여 빼앗지 못한 적이 없으며 맞서는 자를 쳐서 깨뜨리지 못한 적이 없으니, 땅을 수천 리나 넓힌 것은 이렇게 해서 거둔 커다란 공적입니다.

　그런데 지금 병장기와 갑옷 따위는 망가지고 사인들과 백성들은 지쳐 있으며 쌓아둔 물자는 바닥이 나고 논밭은 황폐해 있으며 곡식창고는 비어 있고 사방의 제후들은 복종하지 않고 있습니다. 다른 까닭이 있는 게 아니라 모신(謀臣)들이 모두 충성을 다하지 않았기 때문입니다.

　제가 감히 말씀드리겠습니다. 지난날 제나라가 남쪽으로 초나라를 깨뜨리고, 동쪽으로 송나라를 깨뜨리고, 서쪽으로는 진나라를 복종시키고,

북쪽으로 연나라를 깨뜨리고, 중앙으로 한나라와 위나라를 부릴 때, 그 영토가 넓고 군사는 막강하여 싸우면 이기고 공략하면 빼앗았으므로 천하를 호령하였습니다. 맑은 제수(濟水)와 흐린 황하는 제나라를 지키는 경계가 되기에 넉넉했고, 장성(長城)과 거대한 제방도 요새 구실을 하기에 충분했습니다. 제나라는 다섯 번 싸워 모두 이긴 나라였는데, 한 번 연나라와 싸워 이기지 못하는 바람에 거의 패망에 이르렀습니다. 이로써 보면, 전쟁이란 전차 만 대의 대국에게도 존망의 갈림길이 됩니다.

또 신이 들으니, "일의 자취를 없애려면 그 뿌리를 남겨서는 안 되고, 재앙을 가까이 하지 않으면 재앙은 없다"고 합니다. 진나라는 초나라와 싸워 초나라를 크게 깨뜨리고 도성인 영(郢)까지 처들어가서 동정(洞庭)과 오호(五湖), 강남(江南)을 차례로 빼앗았습니다. 초나라 군주와 신하들은 동쪽으로 도망가 진(陳) 땅에 몸을 숨겼습니다. 바로 그때 초나라 군주와 신하들을 쫓아갔다면 초나라를 멸망시킬 수 있었고, 초나라를 멸망시켰더라면 그 백성들을 모두 거두어들일 수 있었으

며 그 땅에서도 이익을 넉넉하게 거둘 수 있었을
것입니다. 이어 동쪽으로 제나라와 연나라를 약
화시키고, 중원의 삼진(三晉)인 한·위·조[2] 세 나
라를 압도할 수 있었을 것입니다. 그랬더라면 단
번에 패업을 이루어 사방의 제후들에게 조공을
받을 수 있었습니다. 그럼에도 모신들은 그렇게
하지 않고 군대를 이끌고 물러나 다시 초나라와
화평을 맺었습니다. 이는 초나라로 하여금 잃어버
린 도성을 되찾고 흩어진 백성들을 모아들여 사
직의 신주(神主)를 세우고 종묘 제사를 맡은 관리
를 두며 천하의 제후들을 거느리게 해서 진나라
가 대적하기 어려운 상대가 되게 한 것입니다. 이
것이 패왕(覇王)이 되는 길을 잃은 첫 번째 이유입
니다.

　그 후 천하의 제후들이 다시 연합하여 진나라의
화양성(華陽城) 아래까지 쳐들어왔을 때, 대왕께서
는 명령을 내려 그들을 깨뜨리고 내처 군대를 위

---

2) 전국시대가 시작된 것은 춘추시대에 강성했던 진(晉)나라의
　세 대부 집안인 한씨(韓氏)·위씨(魏氏)·조씨(趙氏)가 진나라
　를 셋으로 나누어 각각 제후국을 자칭하면서부터였다. 그리
　하여 전국시대 한·위·조를 "진나라에서 나온 세 나라"를 뜻
　하는 '삼진(三晉)'이라 일컫기도 했다.

나라의 대량성(大梁城)³⁾ 외곽까지 이르게 했습니다. 대량성을 포위하여 수십 일을 끌었으면 함락시킬 수 있었고, 대량성을 함락시키면 위나라를 멸망시킬 수 있었으며, 위나라를 멸망시키면 초나라와 조나라의 연합을 꺾었을 것이고, 초나라와 조나라의 연합을 꺾으면 조나라가 위태로워졌을 것이며, 조나라가 위태로워지면 초나라는 의심이 깊어져 고립되었을 것입니다. 그러면 동쪽으로 제나라와 연나라를 약화시키고 중원의 한·위·조 세 나라를 압도할 수 있었을 것입니다. 그랬더라면 단번에 패업을 이루어 사방의 제후들에게 조공을 받을 수 있었습니다. 그럼에도 모신들은 그렇게 하지 않고 군대를 이끌고 물러나 다시 위나라와 화평을 맺었습니다. 이는 위나라로 하여금 잃어버린 도성을 되찾고 흩어진 백성들을 모아들여 사직의 신주를 세우고 종묘 제사를 맡은 관리를 두며 천하의 제후들을 거느리게 해서 진나라가 대적하기 어려운 상대가 되게 한 것입니다. 이것이 패왕이 되는 길을 잃은 두 번째 이유입니다.

---

3) 위나라의 도성으로, 지금의 하남성 개봉이다.

　전에 양후(穰侯) 위염(魏冉)[4]이 재상이 되어 진나라를 다스릴 때 나라의 군대를 이용해서 진나라와 자신의 영지를 동시에 넓히는 공을 이루려 했습니다. 이 때문에 병사들은 평생 나라 밖에서 뜨거운 햇볕과 비바람에 시달리고, 사인들과 백성들은 안에서 지치고 괴로워했음에도 패업은 이루지 못했습니다. 이것이 패왕이 되는 길을 잃은 세 번째 이유입니다.

　조나라는 중원에 위치해 있는 나라여서 여러 나라에서 흘러들어 온 백성들이 모여 살고 있습니다. 그래서 백성들이 경박하여 부려 쓰기가 어렵습니다. 호령이 제대로 미치지 못하고, 상벌도 제대로 실행되지 않아 믿을 수 없으며, 지세도 불리하여 군주는 그 백성들이 힘을 다하게 할 수 없었습니다. 이는 참으로 망국의 형세입니다. 그런데도 조나라는 백성들을 걱정하지 않고 사인들과 백성들을 모두 장평(長平)을 지키는 군사로 보내어 한나라의 상당(上黨)을 빼앗으려 다투었습니다. 이때 대왕께서는 명령을 내려 이들을 깨부

---

4) 진(秦)나라 소양왕의 어머니인 선태후(宣太后)의 이부(異父) 동생이다.

수고 무안(武安)을 함락시켰습니다.[5] 바로 그때 조나라는 위와 아래가 서로 화목하지 못하고 귀한 자와 천한 자가 서로 믿지 못하는 상태였습니다. 그러했으므로 수도인 한단(邯鄲)을 지켜낼 수 없었습니다. 만약 진나라가 한단을 함락시켰다면 산동(山東)과 하간(河間) 일대를 점령한 뒤 군대를 이끌고 서쪽으로 수무(修武)를 공략하고 양장(羊腸)을 넘어 대(代)와 상당 일대를 항복시킬 수 있었을 것이고, 그러면 대 땅의 서른여섯 현과 상당의 열일곱 현은 갑옷 한 벌 쓰지 않고 사인들과 백성들을 한 명도 괴롭히지 않은 채 모두 진나라 차지가 되었을 것입니다.

대 땅과 상당 일대를 싸우지 않고 모두 진나라가 차지했다면 조나라의 동양(東陽)과 하외(河外) 일대는 모두 제나라가 싸우지 않은 채 차지하게 되었을 것이고, 중산(中山)과 호타하(呼沱河) 이북의 땅 또한 모두 연나라가 싸우지 않은 채 차지하게 되었을 것입니다. 그렇게 되었다면 조나라는

---

5) 소양왕 47년(기원전 260)에 진나라의 장수 백기(白起)는 조괄(趙括)이 이끄는 조나라 군사 40만 명을 쳐서 이기고 이들을 모두 장평에 생매장했다.

멸망했을 것입니다. 조나라가 멸망하면 한나라도 망하고, 한나라가 망하면 초나라와 위나라도 홀로 설 수 없게 되며, 초나라와 위나라가 홀로 설 수 없게 되면 단 한 번의 공격으로 한나라를 무너뜨리고 위나라를 깨뜨리고 초나라를 함락시켰을 것입니다. 그런 뒤 동쪽으로 제나라와 연나라를 약화시키고 백마(白馬) 나루터 입구의 물을 터서 위나라로 흘려보내면 단번에 한·위·조 세 나라를 멸망시킬 수 있어 합종한 나라들은 모두 무너집니다. 그러면 대왕께서는 팔짱을 낀 채 아무 일도 하지 않고 가만히 기다리고만 있어도 천하의 제후들이 줄줄이 와서 복종할 것이니, 이것으로 패업을 이루게 됩니다. 그런데도 모신들은 그렇게 하지 않고 군대를 이끌고 물러나 다시 조나라와 화평을 맺었습니다. 대왕의 현명함과 진나라 군대의 강성함으로도 패왕이 될 대업을 저버리고, 땅은 조금도 얻지 못하고, 망한 것이나 다름없는 조나라에게 속임을 당했으니, 이는 모신들이 서툴렀기 때문입니다. 도대체 멸망했어야 할 조나라가 멸망하지 않고 패자가 되었어야 할 진나라가 패자가 되지 못한 것은 천하의 제후들이 참으로 진

나라 모신들의 역량을 잘 헤아리고 있었다는 첫
번째 증거입니다.

　그리고 다시 군사들을 모두 보내어 한단을 쳤
으나 함락시키지 못하고, 도리어 갑옷을 버리고
쇠뇌를 짊어진 채 겁에 질려 벌벌 떨면서 퇴각했
으니, 이는 천하 제후들이 참으로 진나라 모신들
의 역량을 잘 헤아리고 있었다는 두 번째 증거입
니다.

　군사를 이끌고 물러나 이성(李城) 아래에 숨어
있을 때 대왕 또한 군사들을 모아 달려와서 싸웠
으나 이기지 못했고, 곧바로 돌아갈 수 없었던 까
닭에 군사들은 지친 채 달아났습니다. 이는 천하
의 제후들이 참으로 진나라 모신들의 역량을 잘
헤아리고 있었다는 세 번째 증거입니다.

　진나라는 안으로 모신들의 역량이 간파당하고
밖으로는 병력의 한계를 드러냈습니다. 이로써 보
건대, 천하 제후들이 합종하는 것은 그리 어려운
일이 아닙니다. 실제로 진나라는 안으로 갑옷과
병장기가 망가지고 사인들과 백성들은 병들어 있
으며 쌓아둔 재화는 바닥이 나고 논밭은 황폐해
있으며 곳간은 텅 비어 있습니다. 반면, 밖으로는

천하 제후들이 더욱 굳건하게 뜻을 모으고 있습니다. 부디 대왕께서는 이를 잘 생각해보시기 바랍니다.

신은 "두려워 떠는 마음으로 날마다 삼가고, 참으로 도리를 삼가 행하면 천하를 가질 수 있다"고 들었습니다. 무엇으로 그런 줄을 알겠습니까? 옛날에 주(紂)가 상(商)나라의 천자였을 때, 천하의 군사들 백만 명을 이끌고 나섰습니다. 좌군이 기수(淇水)의 물을 마시고 우군이 원수(洹水)의 물을 먹었더니 기수가 마르고 원수는 더 이상 흐르지 않았습니다. 이런 기세로 주(周)나라 무왕(武王)과 맞섰습니다. 무왕은 흰 갑옷 입은 군사 3천 명을 데리고 단 하루 싸웠는데도 폭군 주의 도성을 깨뜨리고 그를 사로잡았으며, 그 땅을 점령하고 그 백성들을 차지했습니다. 그럼에도 세상 사람들 누구도 폭군 주를 불쌍하게 여기지 않았습니다.

춘추시대 말기에 진(晉)나라의 지백(知伯)은 자신과 한씨(韓氏)·위씨(魏氏) 집안의 군사들을 거느리고 진양(晉陽)을 포위하고 조양자(趙襄子)를 공격했습니다. 강물을 터서 진양성으로 흘러들어가게 한 지 석 달 만에 거의 성을 함락시키게 되

있습니다. 조양자는 거북 등을 뚫고 산가지를 세어 점을 쳐서 어느 나라에 항복하면 좋을지 이해득실을 살폈습니다. 그러나 가신인 장맹담(張孟談)을 몰래 내보내 한씨와 위씨를 설득했습니다. 한씨와 위씨가 지백씨를 배반함으로써 두 가문의 힘을 얻은 조씨는 지백씨를 공격하여 그를 사로잡았습니다. 이로써 조양자는 처음의 지위를 회복할 수 있었습니다.

이제 진나라의 땅은 긴 곳을 잘라 짧은 곳을 메우면 사방 수천 리가 되고 정예군사의 수는 수십만 명이 됩니다. 게다가 호령이 엄격하고 상벌이 공정하며 지형이 유리하니, 천하에 이런 나라는 없습니다. 이를 바탕으로 천하의 제후들과 다투면 천하를 모두 차지할 수 있습니다.

제가 죽음을 무릅쓰고 대왕을 뵈려 한 것은 천하 제후들의 합종을 깨뜨리고 조나라를 빼앗고 한나라를 멸망시키고 초나라와 위나라를 신하로 삼고 제나라와 연나라를 내 편으로 만들어서 패왕의 명성을 이루어 사방의 제후들로 하여금 조공을 들게 할 방도를 말씀드리고자 해서입니다. 대왕께서 저의 의견을 들어보시고 단번에 천하 제후들의 합종을 깨지 못하고 조나라도 빼앗지 못하고 한나라를 멸망시키지 못하고 초나라와 위나라를 신하로 삼지 못하고 제나라와 연나라를 내 편으로 만들지 못해서 패왕의 명성을 이루지 못하여 사방의 제후들로 하여금 조공을 들게 하지 못한다면, 저를 참형에 처한 뒤에 군주를 위해 불충하게 일을 꾀한 자임을 온 나라에 두루 알리십시오.

2장

존한 (存韓)[1],
한나라의 존속을 꾀하다

한나라가 진나라를 섬긴 지 30여 년이 되었습니다. 밖으로는 방패막이 구실을 하고 안으로는 자리깔개의 구실을 하며 진나라를 편안하게 했습니다. 진나라는 정예군을 출동시켜 한나라의 영토를 가져갔으며 한나라는 그 명을 따랐을 뿐입니다. 그리하여 천하 제후들의 원망은 한나라에 쏟아졌으며, 그 공적은 모두 강한 진나라로 돌아갔습니다.

---

1) 진나라는 바로 곁의 한나라를 쳐서 병합함으로써 천하 통일을 꾀하려 했고, 한비는 조국 한나라를 보존하고자 이 글을 써서 조나라부터 치는 것이 이롭다는 주장을 폈다. 결국 한비의 뜻은 관철되지 못해 한비는 죽음을 당하고 한나라는 항

원래 한나라는 공물이나 부역을 바치고 있어 진나라의 군이나 현과 다를 바 없습니다. 그런데 요즘 제가 들으니, 폐하의 신하들이 군사를 일으켜 한나라를 치자는 계책을 내놓았다고 합니다. 지금 조나라에서는 사졸들을 모으고 합종을 주장하는 무리를 길러 천하 제후들의 군사를 결집시키려 하고 있습니다. 또 제후들에게 진나라가 약해지지 않으면 반드시 자신들의 종묘가 없어지게될 것임을 설명하고는 서쪽으로 나아가 진나라를 칠 뜻을 실행하려고 하는데, 이는 하루아침의 계획이 아닙니다. 이제 조나라가 가져올 우환을 놓아둔 채 내신(內臣)이나 다름이 없는 한나라를 친다면, 천하 제후들은 조나라의 계책이 마땅하다고 여길 것입니다.

한나라는 작은 나라인데, 천하의 제후들이 사방에서 공격해 오고 있어 이를 일일이 대응하면서 군주는 치욕을 참고 신하들은 고통을 견디며 위와 아래가 모두 함께 걱정해온 지 오래되었습니다. 수비를 단단히 하고 강한 적을 경계하며 많은 곡식을 쌓아두고 성을 쌓고 해자를 파서 굳게 지

복했다.

키고 있는 것도 그 때문입니다.

이제 한나라를 친다면, 1년 안에는 멸망시킬 수 없습니다. 고작 성 하나를 함락시키고 물러난다면, 도리어 천하 제후들이 진나라의 권위를 업신여겨 군사를 모아서 진나라를 꺾으려 할 것입니다. 한나라가 진나라를 배반하면 위나라가 이에 호응할 것이고, 조나라는 제나라가 진나라에 대적할 근거지가 되어 줄 것입니다. 이렇게 되면 한나라와 위나라가 조나라를 돕고 제나라에 힘을 빌려주게 한 셈이 되어서 그들의 합종책은 더욱 굳건해지니, 진나라로서는 강한 적과 다투게 됩니다. 이는 조나라에는 복이지만 진나라에는 재앙입니다.

나아가서는 조나라를 치고서 빼앗지 못하고, 물러나서는 한나라를 치고서 함락시키지 못한다면, 강적을 쳐부술 정예 군사들은 야전(野戰)에 지치고 보급품을 나르는 자들도 물자를 공급하느라 지칠 것입니다. 이렇게 되면 고생하여 약해진 군사를 모아서 전차 만 대의 대국인 조나라와 제나라 두 나라를 대적하게 되니, 이는 조나라를 멸망시키겠다는 의도와 어긋납니다. 참으로 폐하의 신하들이 세운 계책대로 한다면 진나라는 반드시 천하 제후들의 표적이 될 것입니다. 폐하께서 비록 바위나 쇠처럼 오래 사신다 하더라도 천하를 통일할 날은 오지 않을 것입니다.

　미천한 저의 어리석은 생각으로는 누군가를 초나라에 사자로 보내 요로의 대신에게 후한 뇌물을 주며 그동안 조나라가 진나라를 어떻게 속여 왔는지를 밝히고, 위나라에는 인질을 보내 안심시키고, 한나라를 끌어들여 조나라를 치는 것이 나을 듯합니다. 이때 조나라가 비록 제나라와 한편이 되더라도 걱정할 것이 없습니다. 이 두 나라의 일만 해결되면 한나라는 편지 한 장으로도 평정할 수 있습니다. 이렇게 되면 진나라는 한 번의 거사로 조나라와 제나라 두 나라를 패망의 지경으로 몰아넣게 되니, 초나라와 위나라도 반드시 스스로 항복할 것입니다.

　옛말에 "군사는 흉악한 도구다"라고 했습니다. 그러니 군사는 잘 살펴서 쓰지 않으면 안 됩니다. 지금 진나라는 조나라와 대등하게 맞서고 있는데, 제나라가 조나라에 가세하고 또 한나라가 등을 돌리고 있으며 초나라와 위나라의 마음은 아직 제대로 붙잡지 못하고 있습니다. 이때 한나라와 싸워서 단번에 이기지 못하면, 재앙을 초래하게 됩니다.

계책이란 일을 결정하는 근본이니, 잘 살피지 않으면 안 됩니다. 조나라와 진나라 가운데 어느 나라가 강해지고 약해지느냐는 올 한 해에 달려 있습니다. 그런데 조나라가 천하의 제후들과 몰래 일을 꾀한 것은 오래되었습니다. 한나라를 치기 위해 병력을 동원했다가 제후들에게 약점을 보인다면 위태로워지고, 계책을 실행했다가 제후들이 진나라를 의심하도록 만든다면 지극히 위태로워집니다. 이런 두 가지 서투른 계책이 드러나면 진나라는 제후들에게 강자로서 위세를 부릴 수 없습니다. 저는 폐하께서 이 일을 깊이 생각하시기를 바랍니다. 한나라를 정벌했다가 합종한 나라들에 틈을 보인다면, 그때는 후회해도 소용이 없습니다.

【덧붙이는 글】[2]

1. 이사(李斯)가 진나라 왕에게 글을 올렸다.

폐하께서는 저 이사에게 조서를 내려 한나라의 사신 한비(韓非)가 올린 글을 검토하라고 하셨습니다. 그 글에서 한비는 진나라가 한나라를 쳐서는 안 된다고 말했습니다만, 저는 결코 그렇지 않다고 생각합니다.

진나라가 한나라를 껴안고 있는 것은 마치 사람이 뱃속에 병을 갖고 있는 것과 같습니다. 평소에 일이 없을 때에도 괴로운 것이 축축한 데서 사는 것 같으며, 급히 달리기라도 하면 발작하게 됩니다. 저 한나라가 비록 진나라에 신하처럼 따르고 있지만, 진나라의 병집이 아니었던 적이 없습니다. 이제 갑작스럽게 변고라도 생긴다면, 한나라는 결코 믿을 수 없습니다. 진나라는 조나라와 적대 관계에 있어 형소(荊蘇)를 제나라에 사신으로 보냈으나, 어떻게 될지는 아직 알 수가 없습

---

2) 아래 두 편의 글은 한비의 주장을 반박하는 것이며, 진나라가 천하를 통일하는 데 크게 기여한 이사(李斯)가 썼다.

니다. 신이 보기에는 제나라와 조나라의 외교 관계가 결코 형소 한 사람에 의해서 단절되지는 않을 것입니다. 만약 단절시키지 못한다면 진나라는 온 힘을 다해서 전차 만 대의 나라인 두 나라를 한꺼번에 대응해야 합니다.

저 한나라는 진나라에 의리로써 복종하는 것이 아니라 강한 힘에 굴복하고 있을 뿐입니다. 이제 제나라와 조나라에 대응하느라 온 힘을 다 쓰면 한나라는 반드시 뱃속의 병이 되어 발작할 것입니다. 한나라가 초나라와 함께 계책을 꾸미고 제후들이 이에 호응한다면, 진나라는 반드시 또 효산(崤山)의 관문에서 적을 맞아야 하는 재앙을 겪게 될 것입니다.

한비가 진나라에 온 까닭은 반드시 한나라를 존속시켜 그 공적으로 한나라에서 중용되려는 것입니다. 변설과 궤변을 늘어놓아 잘못을 덮어 가리고 거짓으로 계책을 꾸며서는 진나라로부터 이익을 낚고 폐하의 틈을 엿보아 한나라를 이롭게 하려 합니다. 진나라와 한나라의 사이가 가까워지면 한비는 중용되니, 이는 자신에게 유리한 계책입니다.

신이 한비의 말을 살펴보니, 엉터리 논설에 알맹이 없는 변설을 꾸미는 재주가 매우 뛰어납니다. 그래서 신은 폐하께서 한비의 변설에 빠져들어 그 도둑 같은 마음을 믿었다가 일의 실정을 제대로 살피지 못하실까 두렵습니다. 신의 어리석은 견해로는, 진나라가 군사를 일으켜서 어느 나라를 칠 것인지를 분명하게 하지 않는다면, 한나라의 대신들은 진나라를 섬기는 계책을 세울 것입니다. 이제 신 이사가 한나라에 가서 그 왕을 뵙고 진나라에 오도록 설득해보겠습니다. 그러면 대왕께서는 그를 만난 뒤에 곧바로 그를 붙들어두고 돌려보내지 마십시오. 그런 뒤에 한나라의 대신을 불러서 그와 흥정을 하면, 한나라에서 많은 영토를 떼어줄 것입니다. 이어 몽무(蒙武)에게 명을 내려 동군(東軍)의 군사를 이끌고 가서 국경 근처에서 위세를 보여주게 하고 진격할 방향은 말해두지 않는다면, 제나라는 두려워하여 형소의 계책을 따를 것입니다. 이렇게 되면 진나라는 군사를 출동시키지 않은 채 만만치 않은 한나라를 위력으로써 휘어잡고 강한 제나라를 의리로써 복종시키게 됩니다. 이 사실이 제후들에게 알려지면 조나라는 간담이 서늘해지고 초나라는 요모조모 따지다가 결국 진나라를 섬기는 계책을 세울 것입니다. 초나라가 움직이지 않으면 위나라는 걱정할 게 못되고, 그러면 제후들의 영토를 차츰차츰 집어삼키며 모조리 차지할 수 있고 조나라와도 맞설 수 있게 됩니다. 부디 폐하께서는 어리석은 신의 계책을 깊이 살피시고 소홀히 하지 마십시오.

2. 진나라에서 마침내 이사를 한나라에 사신으로 보냈다. 이사는 가서 한나라 왕에게 사자로 온 뜻을 알리려 했으나, 만날 수가 없어서 한나라 왕에게 글을 올렸다.

옛날 진나라와 한나라는 힘을 합치고 한마음이 되어 서로 침략하지 않았으며, 천하의 제후들도 감히 침범하지 못했습니다. 이렇게 여러 세대를 거쳐왔습니다. 지난번에 다섯 나라의 제후들이 서로 연합하여 한나라를 쳤을 때, 진나라에서는 군사를 보내 구원했습니다.[3] 한나라는 중원에 있

3) 기원전 273년에 조나라와 위나라가 연합하여 화양(華陽)을

지만, 땅은 사방 천 리가 채 되지 않습니다. 그럼에도 다른 제후들과 천하에서 어깨를 나란히 하면서 군주와 신하들이 함께 생존할 수 있었던 까닭은 선대와 후대가 대대로 가르치면서 진나라를 섬겼기 때문입니다.

그런데 지난번에 다섯 제후들이 함께 진나라를 칠 때[4] 한나라는 도리어 제후들 편에서 앞장서 진나라를 향하더니 함곡관(函谷關) 아래에 진을 쳤습니다. 그러나 제후들의 군사들은 지치고 힘이 다해서 어쩔 수 없이 철수했습니다. 두창(杜倉)이 진나라의 재상이 되자 군사를 일으켜 제후들이 공격한 데 대해 그 원한을 갚으려고 먼저 초나라를 치려고 했습니다. 초나라의 영윤(令尹)[5]은 이를 걱정하며 이렇게 말했습니다.

"한나라는 진나라를 의롭지 못하다고 하면서도 진나라와 형제의 관계를 맺고 함께 천하를 괴롭히다가 또 진나라를 배반하고 제후들에 앞장서서

침략한 일을 가리킨다. 이때 진나라에서 백기(白起)를 보내 구원했다.
4) 기원전 318년에 조나라, 위나라, 연나라, 제나라, 한나라 등이 진나라를 친 일을 가리킨다.
5) 초나라에서 재상을 일컫는 명칭이다.

함곡관을 공격했다. 한나라는 중원에 있으면서 이랬다저랬다 하므로 믿을 수가 없다."

그러고는 천하 제후들과 함께 한나라의 상당(上黨) 지역의 열 개 성을 진나라에 바치며 사죄했고, 이에 진나라는 군사를 물렸습니다.

저 한나라는 진나라를 한 번 배신한 대가로 나라는 핍박받고 땅은 침범을 당하고 군사력은 약해졌습니다. 그게 지금까지 이어지고 있습니다. 그렇게 된 까닭은 간사한 신하들의 허황된 이야기를 듣고 사실을 제대로 파악하지 못한 탓입니다. 비록 지금 간사한 신하들을 베어 죽일지라도 한나라를 다시 강국으로 만들지는 못합니다.

지금 조나라가 병사들을 모아 진나라와 전쟁을 치르려고 사자를 보내 길을 빌려달라고 하는데, 말은 진나라를 치려고 한다지만 그 형세로 보아 반드시 한나라를 먼저 치고 난 뒤에 진나라를 칠 것입니다. 또 신은 "입술이 없으면 이가 시리다"는 말을 들었습니다. 진나라와 한나라가 걱정을 함께하지 않을 수 없는 사이라는 것은 형세로 보아 알 수가 있습니다.

위나라가 군사를 일으켜 한나라를 치려고 했을

때 위나라에서 진나라로 보낸 사자를 진나라는 한나라로 보내주었습니다. 이제 진나라 왕이 신 이사를 사신으로 보냈으나, 왕께서는 저를 만나 주지 않고 있습니다. 좌우의 측근들이 이전에 간 신들이 한 행위를 그대로 되풀이하는 듯합니다. 이 때문에 한나라가 다시 영토를 잃는 환난을 겪 지 않을까 두렵습니다. 제가 왕을 뵙지 못하고 그 대로 돌아가 보고한다면, 진나라와 한나라의 국 교는 반드시 끊어지게 될 것입니다.

제가 사신으로 온 것은 진나라 왕의 호의를 받 들어 한나라에 이로운 계책을 드리고자 해서인데, 어찌하여 폐하께서는 저를 이렇게 대하십니까? 신은 폐하를 한 번 뵙고 어리석은 계책을 아뢰고 자 하니, 그런 뒤에 극형을 내리신다면 기꺼이 받 겠습니다. 부디 폐하께서는 잘 생각해보시기 바랍 니다.

지금 한나라에서 신을 죽이더라도 대왕께서는 한나라를 강하게 할 수 없습니다. 그러나 신의 계 책을 듣지 않으신다면, 반드시 재앙이 일어날 것 입니다. 진나라가 군사를 일으켜 머뭇거리지 않 고 들이친다면, 한나라의 사직은 위태로워질 것입니다. 신 이사의 주검이 한나라 저자에 내걸린다면, 그때는 이 미천한 신의 어리석은 계책을 듣고자 해도 들을 수 없습니다. 변방이 짓밟힌 채 도성을 굳게 지키다가 적의 북소리와 방울소리가 귀에 들리면, 그때는 신의 계책을 쓰기에 이미 늦습니다.

또 한나라의 병력 수준이 어떠한지는 천하 사람들이 다 알고 있습니다. 그런데 이제 또 강한 진나라를 배반하려 합니다. 무릇 성을 버리고 군대가 싸움에서 지면, 내부에 있는 자들이 반란을 일으켜 반드시 성을 습격할 것입니다. 성이 함락되면 병사들은 흩어지고, 병사들이 흩어지면 군대는 없어집니다. 가령 성을 단단히 지키려 한다면 진나라는 반드시 군사를 일으켜 대왕의 도성을 포위할 것이고, 그렇게 되면 길이 막혀 통하지 않게 되어서 어떤 계책도 실행하기 어렵습니다. 그런 형세에서는 구원받지 못합니다. 이는 좌우 측근들의 계책이 주도면밀하지 못해서입니다. 부디 폐하께서는 이를 깊이 헤아리시기 바랍니다. 만약 신 이사의 말이 사실과 맞지 않은 게 있다면, 부디 대왕께서는 저를 면전에 불러 할 말을 다하게 해주십시오. 그런 뒤에 담당 관리를 시켜 처벌하셔도 늦지 않을 것입니다.

지금 진나라 왕은 먹고 마셔도 맛을 모르고 유람을 해도 즐겁지 않으니, 오로지 그 뜻이 조나라를 치는 데에 있습니다. 그리하여 신 이사를 이곳에 보내 말하게 한 것입니다. 부디 직접 만나 뵙고 그 자리에서 폐하와 계책을 논의할 수 있기를 바랍니다. 이제 왕께서 신을 만나지 않으신다면, 한나라의 신의는 믿을 수 없게 됩니다. 그러면 진나라는 반드시 조나라 문제는 제쳐놓고 군대를 한나라로 이동시킬 것입니다. 부디 폐하께서는 다시 한 번 잘 살피고 헤아려서 결단을 내려주십시오.

3장

난언(難言)[1],
말하기의 어려움

신 한비는 말하기 자체를 어렵게 여기지는 않습니다. 그러나 말하기를 어렵게 여기는 까닭이 있으니, 이러합니다.

말이 매끄럽고 번드러우며 거침이 없이 줄줄 이어지면, 화려하기는 하지만 알맹이가 없어 보입니다. 말씨가 도탑고 깍듯하며 굳세면서도 삼가면, 서투르고 조리가 없어 보입니다. 말이 많고 번다하게 덧붙이며 비슷한 예를 많이 들면, 헛되고 쓸모없어 보입니다. 요점만 간추려 대강 말하거

---

1) 한비가 군주에게 올린 글인데, 어느 왕에게 올린 것인지는 알 수가 없다.

나 꾸밀 줄 모르고 짤막하게 질러 말하면, 미련하고 말재주가 없어 보입니다. 가까운 사람을 심하게 다그치며 상대의 속내를 떠보려는 듯이 말하면, 하리놀기 좋아하고 깍듯하지 않아 보입니다. 말의 내용이 너무 크고 넓으며 헤아릴 수 없을 정도로 오묘하면, 부풀리기만 해서 부질없어 보입니다. 이리저리 헤아리며 자질구레한 말을 자주 늘어놓으면, 허름하고 너절해 보입니다. 속된 말을 하면서 말본새가 상대에게 거슬리지 않으려 하면, 목숨을 부지하려고 알랑거리는 짓으로 보입니다. 세속과는 멀찌감치 떨어진 듯하면서 괴이한 말로 세상을 떠들썩하게 하면, 터무니없고 거짓되어 보입니다. 대꾸하는 것이 재빠르고 멋스런 표현을 자주 쓰면, 치레하는 것으로 보입니다. 옛말이나 옛글은 끌어오지 않고서 있는 그대로 말하면, 메떨어져 보입니다. 때때로 『시경』이나 『상서』를 들먹거리고 지나간 옛것을 본받자고 말하면, 외우기나 잘하는 것으로 보입니다. 이런 것들이 신이 말하기를 어려워하며 거듭 걱정하는 이유입니다.

무릇 논의의 근거가 아무리 바르더라도 군주가 반드시 들어주는 것도 아니고, 논리가 아무리 온

전하더라도 반드시 써주는 것도 아닙니다. 만약 대왕께서 이런 이유로 믿지 않으신다면, 작게는 남을 헐뜯는 자로 여겨질 것이고 크게는 죽음을 부르는 재앙이 그 몸에 미칠 지도 모릅니다. 그래서 오자서는 일을 잘 꾀했으나 오나라에서 죽임을 당했고, 공자는 말을 잘했으나 광(匡) 땅 사람들에게 에워싸여 아슬아슬했으며, 관중은 참으로 똑똑했으나 노나라에서 그를 가두어 두었습니다. 이 세 명의 대부가 어찌 현명하지 못해서 그러했겠습니까? 그들의 군주가 밝지 못해서였습니다.

옛날에 탕왕은 지극한 성인이었고, 이윤은 지극히 지혜로웠습니다. 저 지극히 지혜로운 이가 지극한 성인에게 말하는데, 무려 일흔 번이나 설득했어도 받아들여지지 않았습니다. 솥과 도마를 직접 들고 가서 요리사가 되어 무람없이 가까워진 뒤에야 탕왕은 가까스로 이윤이 현명한 사람인 줄 알아보고 그를 썼습니다. 그래서 "아무리 지혜로운 이가 지극한 성인에게 말하더라도 반드시 받아들여지지는 않는다"고 했으니, 이윤이 탕왕을 설득하려던 일이 그렇습니다.

지혜로운 이가 어리석은 자를 설득하면 결코 들어주지 않으니, 문왕이 폭군 주(紂)를 설득하려던 일이 그렇습니다. 그래서 문왕이 설득하려 드니, 주가 그를 가두었습니다. 익후(翼侯)는 불에 타죽었고 귀후(鬼侯)는 살가죽이 벗겨졌으며 비간(比干)은 심장이 갈라져 죽었고 매백(梅伯)은 소금에 절여졌습니다. 관중은 오랏줄에 묶였고 조기(曹羈)는 간언하다 진(陳)나라로 도망쳤으며 백리해(百里奚)는 길에서 구걸했고 부열(傅說)은 몸을 팔고 다녔으며 손빈(孫臏)은 정강이뼈가 잘렸습니다. 오기(吳起)는 안문(岸門)을 지나면서 눈물을 흘리며 서하(西河)가 진(秦)나라 땅이 될 것이라고 통탄했으나 끝내 초나라에서 사지가 찢겨서 죽었습니다. 공숙좌(公叔座)는 큰 그릇인 공손앙(公孫鞅)을 추천했으나 도리어 사리에서 벗어났다고 여겨졌으며, 그예 공손앙은 진(秦)나라로 달아났습니다. 관룡방(關龍逄)은 걸왕(桀王)에게 간언하다가 목이 베였고, 장홍(萇弘)은 창자가 토막토막 잘렸으며, 윤자(尹子)는 가시덤불 속에 내던져졌고, 사마자기(司馬子期)는 죽임을 당해 강물에 던져져 흘러갔으며, 전명(田明)은 몸뚱이가 찢겨서 죽었고, 백성들을 잘 다스렸던 복자천(宓子賤)과 서문표(西門豹)는 남과 다투지 않았음에도 다른 사람의 손에 죽었으며, 동안우(董安于)는 죽어서 저잣거리에 내걸렸고, 재여(宰予)는 제나라에서 몰래 세력을 키우던 전상(田常)[2]을 적대시하다가 죽음을 면하지 못했으며, 범수(范雎)[3]는 위(魏)나라에서 고문을 받아 갈비뼈가 부러졌습니다.

이들 십여 명은 모두 어질고 똑똑하며 참되고 뛰어나며 덕과 꾀를 지닌 선비로 세상에 알려져 있었습니다. 그러나 불행하게도 어그러진 군주나 어지럽히는 군주, 어두운 군주나 헤매는 군주를 만나서 죽임을 당했습니다. 그렇다면 이런 현자나 성인이 죽임을 당하고 욕됨을 피하지 못한 까닭은 무엇이겠습니까? 그것은 어리석은 군주에게는 말하기가 어렵기 때문입니다. 그래서 군자는 말하기를 어려워합니다. 게다가 지극한 말은 귀에 거슬리고 마음이 내키지 않습니다. 현군(賢君)이

---

2) 진항(陳恒)이라고도 하며, 춘추시대 말기 강태공의 후손이 다스리던 제나라를 찬탈하는 기반을 닦았다.

3) 범저(范雎)라고도 쓰는데, 이 책에서는 '범수'로 통일한다. 범수는 진나라 소양왕 때 승상을 지낸 인물로, 유세객 출신이다.

나 성군(聖君)이 아니라면 잘 들어주지 않습니다.
부디 대왕께서는 이를 잘 헤아리십시오.

4장

애신(愛臣),
신하를 대하는 법

아끼는 신하를 너무 가까이하면 반드시 군주
자신의 몸이 위태로워지고, 신하가 너무 높아지면
반드시 군주의 자리를 빼앗게 됩니다. 정실과 첩
실 부인 사이에 차등을 두지 않으면 반드시 정실
의 자식이 아슬아슬해지고, 군주의 형제들이 복종
하지 않으면 반드시 사직이 위태로워집니다.

신이 들으니, "전차 천 대를 가진 군주가 대비
하지 않으면 반드시 전차 백 대를 가진 신하가 그
곁에 있다가 군주의 백성을 자기 쪽으로 끌어모
아 나라를 넘어뜨리고, 전차 만 대를 가진 군주
가 대비하지 않으면 반드시 전차 천 대를 가진 가

문이 그 곁에 있다가 군주의 권세를 제 것으로 삼아 나라를 넘어뜨린다"고 합니다. 이는 간사한 신하가 세력을 키우면 군주의 통치 기반이 약해짐을 뜻합니다. 이런 까닭에 제후의 땅이 너르고 커지면 천자에게 해롭고, 신하들이 너무 부유해지면 군주가 무너질 수 있습니다. 장수나 재상이 군주의 일을 맡고서는 제 집안을 크게 높이면, 이때 군주는 그를 내쳐야 합니다.

만물 가운데 군주 자신의 몸보다 더 귀한 것은 없고, 군주의 지위보다 더 높은 것이 없으며, 군주의 위엄보다 더 무거운 것이 없고, 군주의 권세보다 더 큰 것이 없습니다. 군주의 몸과 지위, 위엄, 권세 이 네 가지 미덕은 밖에서 구하거나 남에게 빌어서 얻을 수 있는 것이 아니라 깊이 헤아리고 잘 꾀해야만 얻을 수 있는 것입니다. 그래서 "군주가 자신의 네 가지 미덕을 잘 쓰지 못하면 나라 밖에서 죽음을 맞는다"고 말하는 것입니다. 이는 군주라면 꼭 새겨두어야 할 일입니다.

옛날 상(商) 왕조의 폭군 주(紂)가 망하고 주(周) 왕조의 위세가 꺾인 것은 모두 제후들의 영토가 지나치게 넓어졌기 때문입니다. 진(晉)나라가 셋

으로 쪼개지고 제(齊)나라가 전씨(田氏)에게 빼앗
긴 것은 모두 신하들이 너무 부유해졌기 때문입
니다.[1] 저 연(燕)나라와 송(宋)나라에서 군주가 신
하에게 죽임을 당한 것도 모두 같은 이유입니다.
그러므로 위로는 상과 주 왕조를, 가운데로는 제
나라와 진나라를, 아래로는 연나라와 송나라를
서로 견주어보면, 이런 이치에서 벗어나지 않는
경우가 없습니다.

현명한 군주는 신하를 길들일 때 철저하게 법으
로써 잡도리하여 미리 바로잡습니다. 그래서 죽
을죄를 용서하지 않고 형벌을 줄여주지 않습니
다. 법에 따르지 않고서 죽을죄를 용서하고 형벌
을 줄여주는 것, 이를 두고 '권위를 갉아먹는다'고
합니다. 그렇게 되면 사직은 위태로워지고 국가
권력은 신하에게로 쏠립니다. 이러하므로 대신의
녹봉이 아무리 크더라도 도성의 시장에서 세금을
거두지 못하게 하며, 패거리가 아무리 많다고 해

---

1) 본래 제나라는 강태공이라 불리는 여상(呂尙)에게 주어진 나
   라여서 대대로 여씨가 통치했으나, 진(陳)나라에서 넘어와 대
   부 가문을 이룬 전완(田完)의 후손 전화(田和)가 기원전 386
   년에 강공(康公)을 쫓아내고 나라를 다스리면서 전씨가 제나
   라를 차지했다.

도 군사를 사사로이 부리지 못하게 해야 합니다.

신하된 자가 나랏일을 사사로이 처리하지 못하게 해야 하고, 군대를 지휘하면서 사사로이 외교 관계를 맺지 못하게 해야 하며, 국고를 관리하면서 사사로이 빌려주지 못하게 해야 합니다. 이것이 현명한 군주가 신하의 삿된 짓을 막는 방법입니다. 따라서 신하가 외출할 때 네 필의 말이 끄는 호위 수레가 따르지 않게 하고, 규정에서 벗어난 무기를 수레에 싣지 못하게 해야 합니다. 역마나 파발마를 쓸 만큼 급박한 상황이 아닌데도 규정에서 벗어난 무기나 갑옷을 실으면 사형에 처하고 용서하지 말아야 합니다. 이것이 현명한 군주가 뜻밖의 사태에 대비하는 방법입니다.

한비자 난세의 통치학

74

5장

주도(主道),
군주의 길

도는 온갖 것이 비롯되는 처음이며 옳고 그름을 가르는 벼리다. 그러므로 현명한 군주는 저 처음을 잘 지켜서 온갖 것의 근원을 알고, 벼리를 잘 다스려 잘되고 못되는 실마리를 안다. 따라서 군주는 마음을 비우고 고요히 기다리면서 신하가 스스로 말하게 하고 일이 저절로 정해지도록 한다. 마음을 비우면 실정을 알게 되고, 고요히 있으면 움직임이 바른지 알게 된다. 말할 게 있는 자는 스스로 말하게 되고, 일이 있는 자는 스스로 실적을 드러낸다. 그 실적과 말한 것을 서로 견주어보면 군주는 달리 하는 일이 없어도 그 실정을 파악하게 된다.

그러므로 "군주는 자신이 바라는 것을 드러내서는 안 되는데, 군주가 자신이 바라는 것을 드러내면 신하는 군주가 바라는 대로 보이려고 꾸민다. 군주는 자신의 뜻을 드러내서는 안 되는데, 군주가 자신의 뜻을 드러내면 신하는 제 속내는 숨기고 군주의 뜻에 맞추려 한다"고 말한다. 또 "군주가 좋아하는 것도 싫어하는 것도 내비치지 않으면 신하는 곧 제 속내를 드러낸다. 군주가 지혜와 잔꾀를 부리지 않으면 신하는 곧 스스로 삼간다. 따라서 군주는 지혜가 있더라도 일을 꾀하지 말고 모든 사람들이 스스로 처신하게 해야 하며, 행동하더라도 현명함을 내보이지 않고 신하들이 왜 그렇게 하는지를 살펴야 하며, 용기가 있더라도 성내지 말고 신하들이 자신의 용맹을 다하게 해야 한다"고 말한다.

지혜를 버림으로써 환히 알게 되고, 현명함을 버림으로써 공을 이루게 되고, 용기를 버림으로써 나라를 강하게 만든다. 모든 신하가 직분을 지키고 모든 관리가 정해진 법도를 지키게 하면서 각자의 능력에 따라 부리는 것, 이를 한결같은 도리를 익힌다는 '습상(習常)'이라 한다. 따라서 "그 자리에 없는 듯이 고요히 있으며, 마음을 텅 비워 있는지도 모르게 한다. 현명한 군주는 위에서 하는 일이 없으나, 신하들은 아래에서 두려워하며 떤다"고 말한다.

현명한 군주의 일은 지혜로운 신하가 온 힘을 다해 일을 꾀하도록 하고 이를 근거로 일을 판단하는 것이다. 그래서 군주는 지혜에서 막히는 일이 없다. 현명한 신하가 자신의 재주를 다 드러내도록 하여 이를 근거로 일을 맡긴다. 그래서 군주는 능력에서 막히는 일이 없다. 또 공적이 있으면 군주가 현명하다고 일컬어지고 허물이 있으면 신하가 책임을 지므로 군주는 명성이 깎이는 일이 없다. 이렇게 되면 군주는 현명하게 굴지 않아도 현명한 신하의 스승이 되고 지혜를 쓰지 않아도 지혜로운 자의 우두머리가 된다. 힘쓰는 일은 신하가 하지만 이루어진 일은 군주의 몫이 되니, 이를 일러 현명한 군주의 길이라 한다.

도는 눈으로 볼 수가 없고, 그 작용은 미리 알 수가 없다. 군주는 마음을 비우고 고요히 하는 일이 없으면서도 신하의 허물을 슬며시 다 알아챈다. 보고도 못 본 척하고, 들어도 못 들은 척하며, 알고도 모른 척한다. 신하들의 말을 다 들은 뒤에는 그 말을 바꾸거나 고칠 수 없게 하고 그 말이 실적과 합치되는지를 견주어본다. 공무를 맡은 부서마다 한 사람씩 심어두어 서로 말을 맞추지 못하게 하면 온갖 일들을 다 파악할 수 있다.

군주가 자신의 행적을 가려두고 속내를 숨겨두면 아랫사람들은 군주의 속내를 알아차릴 수 없다. 군주가 자신의 지혜를 버려두고 능력을 막아두면 신하들은 군주의 속뜻을 가늠할 수 없다. 군주가 자신이 뜻한 바를 잘 갈무리한 채 신하들의 말과 실적을 견주어보며 상벌의 권한을 잘 쥐고서 권력을 확실하게 장악하고 있으면, 신하들의 헛된 야망을 끊고 그 어리석은 뜻을 깨뜨려서 함부로 욕심을 내지 못하게 한다.

빗장을 야무지게 지르지 않고 그 문을 잘 지키지 못하면 범이 곧바로 나타날 것이며, 일을 신중하게 하지 않고 속내를 잘 숨기지 않으면 도적이 곧바로 생겨날 것이다. 그 군주를 시해하고 그 자리를 대신 꿰찬 뒤에 다른 사람들도 함께하도록 만들므로 그런 자를 범이라 한다. 군주의 곁에 있으면서 군주의 틈을 노리므로 그런 자를 도적이라 한다. 그 무리들을 흩어버리고 나머지는 잡아들이며 그 문으로 출입하지 못하게 막고 또 그를 돕는 자들을 떠나게 한다면, 나라 안에는 범이 없어질 것이다. 뜻이 커서 헤아릴 수 없게 하고 생각이 깊어서 잴 수 없게 하며 신하들의 말과 실적이 합치되는지 견주고 법도와 격식에 따라 살피고 시험하여 멋대로 하는 자를 벌준다면, 나라 안에는 도적이 없어질 것이다.

군주의 권력을 가로막는 것에는 다섯 가지가 있다. 첫째는 신하가 군주의 눈과 귀를 가리는 것이고, 둘째는 신하가 나라의 재정을 제멋대로 운용하는 것이며, 셋째는 신하가 제 마음대로 명령을 내리는 것이고, 넷째는 신하가 군주의 허락 없이 상벌의 권한을 행사하는 것이며, 다섯째는 신하가 조정에 제 사람을 심는 것이다. 신하가 군주의 눈과 귀를 가리면 군주는 자리를 잃게 되고, 신하가 나라의 재정을 제멋대로 운용하면 군주는 은혜를 베풀 힘을 잃게 되며, 신하가 제 마음대로 명령을 내리면 군주는 통제권을 잃게 되고, 신하가 상벌의 권한을 행사하면 군주는 군주로서 명분을 잃게 되며, 신하가 조정에 제 사람을 심으면 군주는 자신을 따르는 이들을 잃게 된다. 이렇게 신하가 누리는 것들은 오로지 군주 한 사람만이 행사해야 하는 것이니, 신하된 자가 쥐고 흔들어서는 안 된다.

군주의 길에서는 '고요히 물러나 있음'을 보배로 여긴다. 군주는 스스로 일을 맡아 하지 않으면서 일이 잘되고 못되는 것을 알아야 하며, 스스로 헤아리지 않으면서 복이 될지 재앙이 될지를 알아야 한다. 그래야 군주가 말하지 않아도 신하는 군주의 뜻에 알맞추 말하고, 군주가 잡도리하지 않아도 일은 잘되어간다. 군주는 신하가 알맞추 말하면 이를 새긴 패쪽을 받아두고, 일이 잘되어가면 신표를 받아 쥐고 있어야 한다. 신표와 패쪽대로 했느냐에 따라서 상과 벌이 결정된다. 따라서 신하들이 자기 의견을 늘어놓으면 군주는 그 의견에 따라 일을 맡기고 일의 성과에 따라 책임지게 한다. 성과가 맡긴 일에 걸맞고 일이 말한 대로 되면 상을 내린다. 그러나 성과가 맡긴 일에 걸맞지 않거나 일의 성과가 말한 대로 되지 않으면 벌을 준다. 현명한 군주의 길은 신하가 말을

늘어놓게 하고 그 말과 성과가 합치되도록 만드
는 것이다.

　그러므로 현명한 군주가 상을 내릴 때는 때맞
게 내리는 비처럼 부드럽고 알맞아서 백성들이
그 은택을 이롭게 여기고, 벌을 줄 때는 우레 소
리처럼 두렵고 무서워서 신령한 존재라도 달랠
수가 없다. 그래서 현명한 군주는 함부로 상을
내리지 않고 또 멋대로 벌을 거두지도 않는다. 함
부로 상을 내리면 공을 세울 신하가 일을 게을리
하고, 멋대로 벌을 거두면 간사한 신하가 쉽사리
잘못을 저지른다. 그러니 참으로 공을 세우면 사
이가 멀고 신분이 낮은 자라도 반드시 상을 내
려야 하고, 진실로 허물이 있으면 사이가 가깝고
아끼는 자라도 반드시 벌을 주어야 한다. 사이가
멀고 신분이 낮은 자에게도 반드시 상을 내리고
사이가 가깝고 아끼는 자에게도 반드시 벌을 내
린다면, 사이가 멀고 신분이 낮은 자라도 게을리
하지 않고 사이가 가깝고 아끼는 자라도 교만하
게 굴지 않는다.

6장

유도(有度),
법과 제도를 지켜라

어떤 나라든 늘 강하지 않고 또 늘 약하지도 않다. 법을 받드는 일이 강력하면 나라도 강해지고, 법을 받드는 일이 미약하면 나라도 약해진다. 초나라 장왕(莊王)은 스물여섯 나라를 병합하며 땅을 3천 리나 넓혔으나, 그가 죽자 초나라는 쇠망하기 시작했다. 제나라 환공(桓公)은 서른 나라를 병합하며 땅을 3천 리나 넓혔으나, 그가 죽자 제나라는 쇠망하기 시작했다. 연나라 소왕(昭王)은 황하를 경계로 하여 계(薊)를 도성으로 삼고 탁(涿)과 방성(方城)을 방패로 삼아 제나라를 무찌르고 중산(中山)을 평정하였으므로 연나라에 기댄

나라는 존중받았고 그렇지 못한 나라는 경시되었
다. 그러나 소왕이 죽자 연나라는 쇠망하기 시작
했다. 위(魏)나라 안희왕(安釐王)은 연나라를 쳐서
조나라를 구하고 하동(河東) 땅을 되찾았으며, 약
해진 도(陶)와 위(衛)의 땅을 공략하고 제나라로
군대를 몰아서 평륙(平陸)을 차지했으며, 한(韓)나
라를 쳐서 관(管) 땅을 함락시키고 기수(淇水)가의
싸움에서 승리했으며, 수양(睢陽)의 싸움에서는
초나라 군사들이 지쳐서 달아났고, 채(蔡)와 소릉
(召陵)의 싸움에서는 초나라 군대를 깨뜨렸다. 이
리하여 위나라의 병력은 천하를 뒤덮었고 그 위세
를 중원에서 떨쳤다. 그러나 안희왕이 죽자 위나
라는 쇠망하기 시작했다.

초나라와 제나라는 장왕과 환공이 있었기에 초
나라와 제나라가 패자가 될 수 있었고, 연나라와
위나라는 소왕과 안희왕이 있었으므로 연나라와
위나라가 강자가 될 수 있었다. 그럼에도 이들 나
라들이 쇠망한 것은 신하들과 관리들이 모두 나
랏일을 어지럽히는 데에 힘쓰고 다스리는 일에는
힘쓰지 않았기 때문이다. 나라가 어지러워지고 약
해지는 데도 모두 법은 아랑곳하지 않고 법 밖에

서 사사로운 이익만 챙겼으니, 이는 섶을 지고 불을 끄러 들어간 것과 같다. 그러니 어찌 갈수록 어지러워지고 약해지지 않겠는가!

그러므로 바로 이 시대에 신하들이 사사로이 법을 왜곡하지 못하게 하고 공공의 법을 지키게 할 수 있다면 백성은 편안해지고 나라는 다스려질 것이며, 또 사사로이 행동하지 못하게 하고 공공의 법을 실행하게 한다면 병력은 강해지고 적은 약해질 것이다. 사물의 득실을 잘 살피고 법과 제도를 잘 따르는 자를 두어 신하들을 잡도리하게 하면 군주가 거짓에 속을 일이 없을 것이고, 사물의 득실을 잘 살피고 일의 경중을 잘 헤아려 처리하는 자를 두어 외교를 맡게 한다면 군주가 국가들 사이의 세력이나 판도에 대해 속을 일이 없을 것이다.

만약 세상의 평판을 기준으로 기용한다면 신하의 마음은 군주를 떠나고 아래로 자기들끼리 패거리를 지을 것이며, 파당을 근거로 관리를 등용한다면 백성은 연줄을 맺는 데만 힘쓰고 법에 따라 임용되기를 바라지 않을 것이다. 그렇게 되면 능력 있는 관리를 잃게 되어 그 나라는 어지러워질 것이다. 세상의 평판만 믿고 상을 주거나 남들이 헐뜯는다고 벌을 준다면, 상을 좋아하고 벌을 싫어하는 자들은 공명정대하게 하지 않고 사사로이 수작을 부리면서 무리를 지어서는 서로 감싸줄 것이다. 군주를 잊고 조정 밖에서 연줄을 맺으며 제 패거리만 추천하는 풍토가 되면, 아랫사람이 윗사람을 위하는 마음이 엷어질 것이다. 연줄을 맺는 자들이 많아지고 패거리가 늘어나 안팎에서 붕당을 이루면, 비록 커다란 잘못을 저질러도 덮어주는 자들이 많아질 것이다. 이리하여 참된 신하는 아무런 죄가 없는데도 죽을 위험에 처하고, 간사한 신하는 아무런 공이 없는데도 편하게 이익을 누린다. 참된 신하가 죄도 없이 죽을 위험에 처하게 되면 뛰어난 신하는 몸을 숨길 것이고, 간사한 신하가 공도 없이 편하게 이익을 누리게 되면 간사한 신하들이 설쳐댈 것이다. 이것이 쇠망의 근원이다.

이렇게 되면, 뭇 신하들은 법을 제쳐두고 사사로이 권세를 부리면서 공공의 법은 경시한다. 권세가의 집은 자주 드나들면서 군주의 조정에는 한 번도 참석하지 않으며, 세도가 집안의 편익을 위해서는 온갖 궁리를 다하면서도 군주의 나랏일에 대해서는 전혀 생각하지 않는다. 관속의 수가 비록 많아도 군주가 존귀해지지 않고 백관이 다 갖추어져도 나라를 책임질 사람이 없는 까닭이 여기에 있다. 그렇다면 군주는 백성의 주인이라는 이름만 있을 뿐이고 실제로는 신하들의 집에 빌붙어 있는 것이나 다름이 없다. 그래서 "망하는 나라의 조정에는 사람이 없다"고 말하는 것이다. 조정에 사람이 없다는 것은 조정 신하의 수가 줄었다는 뜻이 아니다. 권세가들이 서로 자기 집안을 이롭게 하는 데에만 힘쓰고 나라를 부유하게 만드는 일에는 힘쓰지 않으며, 대신들이 서로 높이는 데에만 힘쓰고 군주를 높이는 데에는 힘쓰지 않으며, 하급 관리들이 녹봉을 받고 연줄을 맺는 데에만 힘쓰고 관부의 일에는 힘쓰지 않는 것을 뜻한다. 이렇게 되는 까닭은 군주가 위에서 법에 따라 나랏일을 결정하지 않고 아랫사람이 하는 대로 맡겨두기 때문이다.

그러므로 현명한 군주는 법에 따라 사람을 고르지 제멋대로 기용하지 않으며, 법에 따라 공적을 헤아리지 제멋대로 헤아리지 않는다. 능력 있는 자가 가려진 채로 있지 않고 무능한 자가 능력이 있는 척 꾸밀 수 없게 되고, 세상의 평판만으로는 벼슬에 나아가지 못하고 남의 헐뜯음 때문에 내쳐지지 않게 된다면, 군주와 신하 사이에 구별이 분명해지면서 나라는 쉽게 다스려질 것이다. 그래서 군주가 법에 따라 다스린다면, 정치는 잘 된다.

현자는 신하가 되면 북면(北面)[1]하여 폐백을 바친 뒤 결코 두 마음을 품지 않는다. 조정에서는 낮은 자리일지라도 사양하지 않고, 군대에서는 아무리 어려운 일이라도 피하지 않는다. 군주가 하는 일을 좇고 군주의 법을 따르며 사심이 없이 명령을 기다리고 함부로 시비하지 않는다. 그러므로 입이 있어도 사사로이 말하지 않고 눈이 있어도 사사로이 보지 않으면서 군주의 명을 오롯이 따른다.

신하된 자는 비유하자면 손과 같다. 위로는 머리를 가다듬고 아래로는 발을 씻는다. 시원하거나 따뜻하거나 춥거나 덥거나 어떤 상황이든 피

---

1) 조정에서 군주는 북쪽에 앉고 신하는 남쪽에 있으므로 군주는 남면(南面)하고 신하는 북면(北面)한다.

하지 않고, 날카로운 칼이 몸에 닥쳐오면 기꺼이 맞받는다. 군주는 어질고 총명한 신하라도 사사로이 가까이하지 않으며, 능력이 뛰어난 신하라도 사사로이 쓰지 않는다. 그러므로 백성은 고향을 떠나 멀리 가서 사귀려 하지 않아서 백 리나 떨어진 곳에는 아는 사람이 없게 된다. 신분이 높은 자와 낮은 자가 서로 넘보지 않게 하고, 어리석은 자와 지혜로운 자의 능력을 잘 재어 걸맞은 자리에 세우는 것, 이것이 지극한 통치다.

이제 작위와 녹봉을 가벼이 여기고 나라를 떠나 망명하는 일을 쉽게 여기면서 군주를 가려가면서 벼슬하는 자가 있는데, 나는 그를 청렴하다고 말하지 않는다. 거짓 주장을 내세워 법을 어기고 군주에게 대들면서 억지로 간언하는 자가 있는데, 나는 그를 충성스럽다고 말하지 않는다. 은혜를 베풀며 남들에게 이익을 주고 아랫사람들의 마음을 얻어 명성으로 삼으려는 자가 있는데, 나는 그를 어질다고 말하지 않는다. 세속을 떠나 숨어 살면서 거짓을 꾸며 군주를 헐뜯는 자가 있는데, 나는 그를 의롭다고 말하지 않는다.

밖으로 제후들과 통하고 안으로 국력을 소모시

키며 나라가 위태롭고 망할 만한 때를 기다렸다
가 험상궂은 표정으로 군주에게 을러대며 "외교
에서 내가 아니면 가까워질 수 없고, 원한도 내가
아니면 풀 수가 없다"고 말하는 자가 있다. 그러
면 군주는 곧 그를 믿고 국정을 맡기는데, 그것으
로 군주의 명성을 떨어뜨리고 그 자신이 드러나
게 하며 나라의 풍부한 재물을 헐고 그 자신의 집
을 이롭게 한다. 나는 이런 신하를 지혜롭다고 말
하지 않는다.

이 몇 가지 사항은 험한 세상에나 통할 학설이
고, 선왕들의 법에서는 소홀히 하던 것이다. 선왕
의 법에서는 이렇게 말했다.

"신하는 혹시라도 위세를 휘둘러서는 안 되고
혹시라도 이익을 꾀해서도 안 되며, 오로지 왕의
뜻을 따라야 한다. 혹시라도 좋아하는 속내를 드
러내서도 안 되고 혹시라도 미워하는 속내를 드
러내서도 안 되며, 오로지 왕이 가는 길을 따라야
한다."

옛날 잘 다스려지던 때의 백성은 공적인 법을
잘 받들고 사적인 술수는 버리면서 뜻을 오롯이
지니고 한결같이 행동하면서 임용되기를 기다

렸다.

무릇 군주가 되어 모든 관리를 직접 살피려 하면 시간도 부족하고 능력도 미치지 못한다. 또 군주가 직접 눈으로 보려 하면 신하는 보기 좋게 꾸미고, 군주가 직접 들으려 하면 신하는 듣기 좋게 말하며, 군주가 직접 판단하려 하면 신하는 번다하게 말을 늘어놓을 것이다. 옛 왕들은 이 세 가지로는 부족하다고 여겨서 제 능력은 놓아두고 법술에 근거하여 자세하게 상벌을 규정하였다.

옛 왕들은 요체를 잘 지켰기 때문에 법령은 간략해도 어기는 자가 없었다. 홀로 사해 안을 다스렸지만, 아무리 총명한 자라도 속임수를 쓸 수 없었고 아무리 언변이 간교한 자라도 말재주를 부릴 수 없었으며, 아무리 간사한 자라도 빌붙을 데가 없었다. 멀리 천 리 밖에 있는 자라도 군주에게 한 말을 감히 바꿀 수 없었고, 군주 가까이서 낭중 벼슬을 할지라도 감히 선행을 가리고 비행을 꾸밀 수 없었다. 이리하여 조정에서는 신하들이 군주에게 모여들고 신분이 낮은 자도 서로 월권하는 일이 없었다. 그러므로 다스릴 일은 적고 시간은 남아돌 것이니, 이는 군주가 권세에 의존했으므로 그렇게 된 것이다.

무릇 신하된 자가 군주의 권한을 침범하는 것은 마치 지형과 같다. 지형이 점점 바뀌게 되면 군주는 방향감각을 잃어 동쪽과 서쪽이 바뀌어도 스스로 알아채지 못한다. 그래서 옛 왕은 지남침을 세워 동쪽과 서쪽을 바로잡았다. 현명한 군주는 신하들이 법 밖에서 제멋대로 놀지 못하게 하고 또 법 안에서 사사로이 은혜를 베풀지 못하게 하여 그 행동이 법에서 벗어나지 않게 했다. 법은 그릇된 짓을 억누르거나 법 밖에서 사사로이 함부로 하지 못하게 하는 수단이고, 엄정한 형벌은 법령대로 실행하여 백성을 징계하려는 방편이다. 위세는 군주와 신하 두 사람이 부릴 수 없고, 명령은 군주와 신하 양쪽에서 나올 수 없다. 위세와 명령을 함께하면 온갖 사악한 일이 나타나고, 법을 분명하게 하지 않으면 군주가 위태로워지며, 형벌이 단호하지 않으면 사악한 짓을 누를 수 없다. 그래서 이렇게 말한다.

"뛰어난 목수는 눈어림만으로도 먹줄로 맞춘 것처럼 하지만 반드시 먼저 그림쇠와 곱자로 재고, 지혜가 뛰어난 사람은 서둘러 일해도 딱 맞게 하지만 반드시 먼저 선왕의 법으로 겨주어본다."

먹줄이 곧아야 굽은 나무를 곧게 자를 수 있고, 수준기가 평평해야 울퉁불퉁한 것을 평평하게 깎을 수 있으며, 저울로 무게를 달아야 균형을 잡을 수 있고, 됫박을 써야만 많지도 적지도 않게 할 수 있다. 그러므로 법으로써 나라를 다스리면 손을 들었다 내렸다 하는 것처럼 쉽다.

법은 귀한 사람이라고 해서 아첨하지 않으니, 먹줄을 휜 것에 맞추려고 구부리지 않는 것과 같다. 법대로 할 때는 지혜로운 자도 변명할 수 없고 용감한 자도 감히 다툴 수 없다. 잘못을 저지르면 대신이라도 형벌을 피할 수 없고, 선행을 하면 신분이 낮은 사내라도 포상에서 뺄 수 없다.

그러므로 윗사람의 잘못을 바로잡고 아랫사람의 간사함을 꾸짖으며 어지러움을 다스리고 뒤얽힌 것을 풀며 군더더기를 덜어내고 잘못된 것을 가지런히 하며 온 백성을 잡도리하는 데에는 법만 한 것이 없다. 관리를 힘쓰게 하고 백성에게 위엄을 보이며 음란함과 게으름을 물리치고 속임수와 거짓을 그치게 하는 데에는 형벌만 한 게 없다. 형벌이 엄중하면 귀한 자라도 미천한 자를 감히 얕보지 못하고, 법이 분명하면 군주가 존귀해져 침해받지 않는다. 군주가 존귀해져 침해받지 않으면 군주의 권력은 막강해져 법술과 상벌의 권한을 지킬 수 있다. 그러므로 옛 왕들은 형벌과 법을 귀하게 여겨 이를 후세에 전했다. 군주가 법을 버려두고 사사로이 행하면 군주와 신하의 구별이 없어진다.

7장

이병(二柄),
권력의 두 칼자루

　현명한 군주가 신하를 이끌거나 제어할 때 쓸 도구는 두 개의 칼자루다. 두 개의 칼자루는 형벌과 은덕이다. 무엇을 형벌과 은덕이라 하는가? 베어 죽이는 것을 형벌이라 하고, 상을 내리는 것을 은덕이라 한다. 신하된 자는 처벌받아 죽는 것을 두려워하고 상 받는 것을 이롭게 여긴다. 그러므로 군주가 스스로 그 형벌과 은덕의 권한을 사용한다면, 뭇 신하들은 그런 권세를 두려워하면서 이로운 데로 돌아간다. 그런데 세상의 간사한 신하들은 그렇지 않다. 그들은 미워하는 자가 있으면 군주로부터 그 권한을 얻어내서 그를 처벌하고, 아끼는 자가 있으면 군주로부터 그 권한을 얻어내서 그에게 상을 준다. 군주가 상벌을 내리는 권한을 자신에게서 나오도록 하지 못하고 신하의 말만 듣고 상벌을 실행하면, 온 나라 사람들 모두 그 신하를 두려워하고 군주는 깔보며 그 신하에게 귀의하고 군주에게서는 떠난다. 이는 군주가 형벌과 은덕의 권한을 잃어서 생긴 우환이다.

저 범이 개를 굴복시킬 수 있는 것은 발톱과 어금니를 가졌기 때문이다. 만약 범이 발톱과 어금니를 떼어내 개에게 그것을 쓰게 한다면, 범은 도리어 개에게 굴복될 것이다. 군주는 형벌과 은덕으로써 신하들을 제어하는 자다. 그럼에도 군주가 형벌과 은덕의 권한을 내버리고 신하에게 그것을 쓰게 한다면, 군주는 도리어 신하에게 제어된다. 그러므로 전상(田常)은 군주에게 작위와 녹봉을 요청하여 신하들에게 나누어주고 아래로는 됫박을 크게 해서 백성들에게 빌려주었으니,[1] 이것으로 간공(簡公)은 은덕을 베풀 권한을 잃고 전상이 그것을 대신 썼다. 그 결과 간공은 시해되

---

1) 전상은 백성들에게 곡식을 빌려줄 때는 큰 됫박으로 재서 주고 돌려받을 때는 작은 됫박으로 재서 받으며 민심을 얻었다.

었다. 송(宋)나라의 자한(子罕)은 그 군주에게 "상을 내리고 은덕을 베푸는 것은 백성들이 좋아하는 일이니, 군주께서 직접 행하십시오. 베어 죽이고 형벌을 내리는 것은 백성들이 싫어하는 일이니, 신이 감당하겠습니다"라고 말했다. 이에 송나라 군주는 형벌의 권한을 잃고 자한이 대신 썼다. 그 결과 송나라 군주는 협박당했다.

전상은 다만 은덕을 베푸는 권한을 썼을 뿐인데도 간공은 시해되었고, 자한은 다만 형벌의 권한을 썼을 뿐인데도 송나라 군주는 협박당했다. 이제 세상의 신하된 자들을 보면 형벌과 은덕의 권한을 아울러 쓰고 있으니, 요즘의 군주는 저 간공이나 송나라 군주보다 훨씬 위태로운 지경에 있다. 그러므로 눈과 귀가 가려진 군주는 협박당하거나 시해된다. 군주가 형벌과 은덕의 권한을 다 잃고 신하가 대신 쓰게 하고서도 위태롭게 되거나 망하지 않은 경우는 아직까지 없었다.

군주가 신하들의 간사한 짓을 막으려 한다면 그 실적과 명목이 합치되는지 살펴야 하는데, 이는 신하가 한 말과 그가 한 일을 살피는 것이다. 신하된 자가 어떤 일에 대해 말을 늘어놓으면 군주는 그 말에 따라 일을 맡기고, 오로지 그가 한 일로써 그 성과를 따진다. 성과가 그가 한 일과 맞으며 그 일이 그가 한 말과 맞으면 상을 주지만, 성과가 그가 한 일과 맞지 않고 그 일이 그가 한 말과 맞지 않으면 벌을 내린다. 그러므로 신하가 말은 거창하게 해놓고 성과가 작으면 벌을 내린다. 이는 성과가 작아서 벌을 주는 것이 아니라 성과가 명목과 맞지 않아서 벌을 내리는 것이다. 또 신하가 말은 낮추어 해놓고 성과가 크더라도 벌을 내린다. 이는 성과가 큰 것이 기쁘지 않아서가 아니라 명목과 맞지 않기 때문이니, 그 해로움은 성과가 큰 것보다 더하므로 벌을 내리는 것이다.

옛날에 한(韓)나라 소후(昭侯)가 술에 취해 선잠이 들었는데, 그때 군주의 갓을 맡은 전관(典冠)이 군주가 추워하는 것을 보고 군주의 몸에 옷을 덮어주었다. 소후가 잠에서 깬 뒤에 흐뭇해 하면서 측근의 신하에게 물었다.

"누가 내 몸에 옷을 덮었는가?"

"전관입니다."

군주는 의복을 맡은 전의(典衣)와 갓을 맡은 전

관 둘 다에게 죄주었다. 전의에게 죄준 것은 그가 자기 일을 하지 않아서고, 전관에게 죄준 것은 자기 직분을 넘어섰기 때문이다. 추위가 싫지 않은 것은 아니지만, 관리가 남의 직분을 침범해서 생기는 해로움은 추위보다 더 심하기 때문이다. 그러므로 현명한 군주는 신하들을 거느릴 때, 신하들이 제 직분을 넘으면서 공을 세우지 못하게 하고 또 신하가 늘어놓은 말이 실제 일과 맞도록 한다. 직분을 넘으면 죽여야 하고, 실제 일과 맞지 않으면 벌을 내려야 한다. 각자 제 직분을 지키면서 일하고 또 말하는 것이 일과 맞으면, 신하들이 패거리를 지어 서로 돕는 짓을 하지 못한다.

군주에게는 두 가지 걱정거리가 있다. 하나는 현명한 자를 임용하면 신하가 제 현명함을 믿고 군주를 위협하는 것이고, 다른 하나는 아무나 기용하면 일을 망쳐 수습할 수 없게 되는 것이다. 그러므로 군주가 현명한 자를 좋아하면 신하들이 행동을 꾸며서 군주가 바라는 것에 맞추는데, 이렇게 되면 신하들의 속마음이 드러나지 않는다. 신하들의 속마음이 드러나지 않으면 군주는 신하들을 가려낼 길이 없어진다.

월나라 왕 구천(句踐)이 용맹을 좋아하자 백성들 가운데 죽음을 가볍게 여기는 자가 많아졌고, 초나라 영왕(靈王)이 허리가 가는 여인을 좋아하자 도성 안에 굶는 사람이 많아졌다. 제나라 환공이 시기하며 궁녀를 좋아하자 수조(豎刁)는 스스로 거세하여 후궁을 관리하는 내시가 되었고, 환공이 맛난 것을 좋아하자 역아(易牙)는 자식을 삶아서 바쳤다. 연나라 왕 자쾌(子噲)가 현자를 좋아하자 재상인 자지(子之)는 나라를 물려줘도 받지 않는 것처럼 했다. 그러므로 군주가 싫어하는 것을 드러내면 신하들은 군주가 싫어할 만한 것을 숨기고, 군주가 좋아하는 것을 드러내면 신하들은 능력이 있는 듯이 속이며, 군주가 제 바람을 드러내면 신하들은 그것을 밑천으로 삼아 자신을 위한다.

그리하여 자지는 자신을 현자로 꾸며 군주의 자리를 빼앗았고, 수조와 역아는 군주가 바라는 것을 빌미잡아 군주의 권한을 침해하였으니, 끝내 자쾌는 전란으로 죽고 환공은 그 주검이 썩어 구더기가 문 밖으로 나올 때까지 장례도 치르지 못했다. 이렇게 된 까닭은 무엇인가? 군주가 제 속마음을 신하들에게 드러냈기 때문에 생긴 재앙이며, 신하들의 마음이 결코 군주를 사랑하는 데 있지 않고 오로지 이익을 중시하는 데 있음을 몰랐기 때문이다. 이제 군주가 제 속마음을 감추지 않고 실마리가 될 만한 것을 숨기지 않아 신하들로 하여금 그것을 빌미잡아 군주의 권한을 침해하도록 만들면 신하들이 연나라의 자지나 제나라의 전상처럼 되는 것은 어렵지 않다. 그래서 이렇게 말한다.

"군주가 좋아하고 싫어하는 마음을 버려야 신하들이 제 속내를 드러낸다. 신하들이 제 속내를 드러내면 군주의 눈과 귀는 가려지지 않는다."

8장

양각(揚搉),
통치의 요체

천지에는 천지의 법칙이 있고, 인간에는 인간의 법칙이 있다. 무릇 향기롭고 먹기 좋은 음식, 진한 술과 기름진 고기는 입에는 맛나지만 몸을 병들게 한다. 살결이 곱고 이가 새하얀 여인은 남자의 마음을 즐겁게 하지만 정력을 소진시킨다. 그러므로 무엇이든 정도에 지나치지 않아야만 몸에 해로움이 없다. 군주가 권세를 내보이지 않으려 하고 무위(無爲)에 바탕을 둔다면, 실제 일은 사방의 신하들이 맡아서 하고 그 요체는 군주가 가운데서 쥐게 된다.

성인이 요체만 쥐고 있으면 사방에서 신하들

이 모여들어 보고한다. 군주가 마음을 비운 채 대하면 신하들은 스스로 제 능력을 발휘한다. 신하들을 천하 각지에 배치해두면 군주는 가만히 있어도 신하들을 환히 보게 된다. 좌우에 능력 있는 신하들을 세운 뒤에는 언로를 열어놓고 귀를 기울여야 한다. 세운 방침은 바꾸지 않고 명목과 성과 두 가지를 맞추어가며 끝까지 밀어붙이는 것, 이것을 '통치의 원리를 실천하는 길'이라 한다.

무릇 사물은 각각 알맞은 쓰임새가 있으며 마찬가지로 재능도 다 쓰일 데가 있는데, 사람들을 각자 알맞은 곳에 둔다면 군주는 무위(無爲)로써 다스릴 수 있다. 닭에게 새벽 시각을 알리게 하고 고양이에게 쥐를 잡게 하듯이 각자의 능력을 다 쓰게 한다면, 군주는 달리 할 일이 없다. 만약 군주가 자신에게 뛰어난 능력이 있다고 해서 나서면 일은 이내 흐트러지고, 자랑스레 제 능력을 내세우기 좋아하면 신하들에게 속기 쉬우며, 언변과 지혜를 과시하기 좋아하면 신하들이 그것으로 제 이익을 꾀한다. 이렇게 위와 아래가 자기 할 일을 뒤바꾸면 나라는 그 때문에 다스려지지 않는다.

군주가 써야 할 유일한 길은 명분을 으뜸으로

세우는 원칙이다. 명분이 바로 서면 사물이 안정되고, 명분이 치우치면 사물이 흐트러진다. 그러므로 성인은 그 하나의 원칙을 단단하게 쥐고 고요히 있으면서 신하들이 스스로 명분을 아뢰어서 일이 저절로 결정되고 처리되도록 한다. 군주가 자신의 판단을 드러내지 않으면 신하들은 이내 속내를 그대로 드러낸다. 그 능력에 따라 일을 맡겨 그들 스스로 힘써 일하게 하고, 그 자질에 따라 직책을 맡겨 그들 스스로 성과를 올리게 하며, 명분을 바로 세우고 그에 따라 사람들을 두어서 모두 스스로 일을 결정하게 한다. 군주는 명분을 세우고 그에 따라 임용한 뒤에는 명분은 제쳐두고 성과에 따라 신하를 처리하는데, 성과와 명분이 일치하는지 대조하여 그 결과에 따라 상과 벌을 쓴다. 상과 벌 두 가지가 참으로 믿을만하면, 신하들은 곧바로 제 마음을 다한다.

군주가 제 할 일[1]을 삼가 닦으며 천지의 이법에 의거하면서 통치의 요체를 잃지 않는다면, 성인이 될 수 있다. 성인의 도리는 지혜와 기교를 버리니,

---

1) 명분과 성과를 대조해서 그 결과에 따라 상과 벌을 쓰는 일을 가리킨다.

지혜와 기교를 버리지 않으면 그 도리를 한결같은 법도로 삼기 어렵다. 백성이 지혜와 기교를 쓰면 그 몸에 재앙이 많이 닥치고, 군주가 그것을 쓰면 그 나라는 위태롭거나 망한다.

천지의 도를 따르며 이를 통치의 원리로 삼아 온갖 일들을 철저하게 살피고 대조하되, 끝마치면 다시 시작해야 한다. 성인은 마음을 비우고 고요히 기다리니, 자신의 지혜와 능력을 쓴 적이 없다. 대체로 군주의 우환은 반드시 신하들의 얄팍한 견해에 동조하는 데에 있다. 군주가 그런 견해를 믿어주면서도 동조하지 않으면 모든 백성이 군주를 따를 것이다.

무릇 도는 지극히 커서 정해진 꼴이 없고, 덕은 확실한 결이 있어 어디에나 두루 미친다. 모든 생물에 이르기까지 이 도를 잘 헤아려서 쓰면 온갖 것들이 모두 번성하지만, 도는 그 편안한 움직임에 전혀 관여하지 않는다. 도란 온갖 일들에 두루 미치는데, 개개의 사물이 지닌 독자성을 따르고 때에 따라 생사의 변화를 일으킨다. 명칭으로 보면 사물들은 다 다르지만, 저 하나인 도를 통해서 보면 똑같다. 그러므로 "도는 만물을 자라게 하지만 만물과 같지 않고, 덕은 음양으로 나뉘지만 음양과 같지 않으며, 저울은 가벼움과 무거움을 재지만 가벼움이나 무거움과 같지 않고, 먹줄은 나고 듦을 바루지만 나고 듦과 같지 않으며, 생황(笙篁)²⁾은 메마름과 축축함에 따라 음을 조율하지만 메마름이나 축축함과 같지 않고, 군주는 신하들을 부리지만 신하들과 같지 않다"고 말한다. 무릇 이 여섯 가지는 도에서 나온 것이다. 도와 짝할 만한 것은 없기 때문에 "하나다"라고 말한다. 이런 까닭에 현명한 군주는 혼자인 도의 모습을 귀하게 여긴다. 군주와 신하는 가는 길이 같지 않다. 신하는 명분을 내세워 작위와 녹봉을 바라고, 군주는 적절한 명분을 가려낸다. 신하가 자신의 성과를 드러내면 군주는 성과와 명분이 일치하는지 대조하니, 이렇게 하면 군주와 신하가 조화로워진다.

무릇 군주가 신하의 의견을 듣는 방법은 신하의 입에서 나온 말을 토대로 그 성과를 따지는 데 있다. 그러므로 그가 말한 명분을 살펴 알맞은 자리를 정해 주고, 직분을 분명하게 하여 일의 종류

---

2) 음을 조율하는 악기다.

를 구별한다. 신하의 말을 제대로 듣는 길은 술에 잔뜩 취한 것처럼 마음을 비우는 것이다. 입술이여 이빨이여, 내가 먼저 열지 말지니! 이빨이여 입술이여, 어리석은 듯 더욱 다물라! 저쪽에서 스스로 말해오면 나는 그것으로 알아챈다. 옳다느니 그르다느니 따지는 논의가 쏟아지더라도 군주는 그런 것에 얽매일 필요 없다. 마음을 비우고 고요히 있으면서 억지로 하지 않는 것이 도의 참모습이고, 여러 사물이 뒤섞여 있으면 나란히 놓고 견주는 것이 일의 형세다. 여러 가지가 뒤섞여 있으면 나란히 놓고 견주어야 하고, 여러 일들이 뒤섞여 있으면 말한 것과 맞도록 해야 한다.

바탕이나 중심이 되는 법술이 바뀌지 않아야 군주가 무얼 하든 실수하지 않게 된다. 움직일 때나 고요히 있을 때나 억지로 애쓰지 않으면서 다스려야 한다. 군주가 무언가를 좋아하면 할 일이 많아지고, 무언가를 싫어하면 원한을 살 일이 생긴다. 그러므로 좋아함도 싫어함도 다 버리고 마음을 비워서 도가 깃들 수 있게 해야 한다. 군주가 신하와 일을 함께하지 않으면 백성들은 오히려 그를 우러러본다. 군주는 어떤 의논에도 끼어들지

않고 신하들이 할 일을 스스로 하게 만들어야 한
다. 군주가 문을 닫고 안에서 빗장을 지른 채 방
안에서 마당을 내다보듯이 하면 온갖 일들이 바
로 눈앞에서 펼쳐져 신하들의 참모습을 다 알게
된다. 그리고는 상을 줄 만한 자에게 상을 주고,
벌을 줄 만한 자에게 벌을 주니, 이러면 각자 자
기가 한 일에 따라서 스스로 상이나 벌을 만든 셈
이 된다. 잘한 일과 못한 일에 따라 반드시 상이나
벌이 따른다면, 누가 감히 군주를 믿지 않겠는가?
법도의 기준이 이미 확립되면, 다른 일들은 저절
로 가지런해진다.

군주에게 신묘한 권위가 없으면 신하는 그 틈
을 노리고, 군주가 일의 타당성을 잃으면 신하는
제 기준으로 일을 견주어본다. 군주가 하늘처럼
땅처럼 한다면, 공평하고 정대하다고 한다. 땅처
럼 하늘처럼 한다면, 누구를 멀리하고 누구를 가
까이하겠는가? 이렇게 하늘과 땅을 본받을 수 있
는 자를 성인이라 한다.

궁 안을 잘 다스리려 한다면 사람을 두되 가까
이하지 말고, 조정을 잘 다스리려 한다면 관직마
다 한 사람을 두라. 그렇게 해서 제멋대로 하지 않

도록 한다면, 어찌 직권을 남용하거나 월권하겠는가? 대신의 집에 드나드는 사람이 많은지 늘 경계해야 한다. 무릇 지극하게 다스려지면, 신하가 사사로이 은혜를 베풀지 못한다. 말한 것과 일한 것이 일치되도록 확실하게 한다면, 백성들이 제 직분을 충실히 지킨다. 이런 법술을 버려두고 다른 방법을 구한다면, 아주 헤맨다는 뜻의 '대혹(大惑)'이라 한다. 군주가 헤매면 교활한 백성이 더욱 많아지고 간사한 신하가 주위에 가득하게 된다. 그래서 이렇게 말한다.

"군주가 빌릴 지경에 이르도록 신하를 부유하게 내버려두어서는 안 되고, 군주를 핍박할 지경에 이르도록 신하를 귀하게 만들어서는 안 된다. 한 사람을 전적으로 믿어서 온 나라를 잃는 지경이 되어서는 안 된다."

장딴지가 허벅지보다 굵으면 달리기 어렵다. 군주가 신묘한 권위를 잃으면, 범 같은 신하가 그 뒤를 노린다. 군주가 알아차리지 못하면, 범 같은 신하가 개들을 모아들인다. 군주가 일찌감치 막지 못하면, 개들은 끊임없이 늘어난다. 이렇게 해서 범 같은 신하가 무리를 이루면, 어미 같은 군주를 시해한다. 군주가 되어 신하가 없다면, 어찌 나라를 보전할 수 있겠는가? 군주가 법술을 제대로 실행하면 아무리 큰 범이라도 겁내고, 군주가 형벌을 제대로 집행하면 아무리 큰 호랑이도 온순해진다. 참으로 법술과 형벌이 펼쳐지면, 범도 사람으로 변해 본래 모습으로 다시 돌아갈 것이다.

군주가 나라를 잘 다스리려면 반드시 신하들이 모은 무리를 쳐야 한다. 그 무리를 치지 못하면 그들은 더욱더 많은 무리를 모을 것이다. 군주가 제 영토를 잘 다스리려면 반드시 땅을 적절하게 하사해야 한다. 하사하는 일을 적절하게 하지 못하면 난신(亂臣)이 더 많은 땅을 요구한다. 신하가 바라는 대로 군주가 주는 것은 원수에게 도끼를 빌려주는 것이나 다름이 없다. 도끼를 빌려주는 것은 옳지 않으니, 그가 그것으로 나를 칠 것이기 때문이다. 옛날 황제(黃帝)가 이렇게 말했다. "군주와 신하는 하루에 백 번도 싸운다." 신하는 제 사사로운 마음을 숨긴 채 군주를 살피고, 군주는 상벌의 권한을 꽉 쥐고서 신하를 억누른다. 그러므로 상벌의 권한을 바로 세우는 것이 군주의 보배가 되고, 패거리를 만드는 것이 신하의 보배가 된다. 신하가 그 군주를 시해하지 못하는 것은 패거리를 짓지 못해서다. 그러므로 군주가 조금이라도 잃으면 신하는 그 갑절을 얻게 된다.

나라를 잘 다스리는 군주는 신하의 영지가 커지지 않게 하고, 다스리는 이치를 터득한 군주는 신하의 집안이 고귀해지지 않게 하며, 법술을 터득한 군주는 신하의 지위가 높아지지 않게 한다. 신하는 고귀해지고 부유해지면 자신이 군주를 대신하려고 한다. 위태해지지 않도록 미리 대비하여 태자를 얼른 세운다면, 재앙이 일어나지 않을 것이다.

죄 지은 자를 가두거나 풀어주는 일에서 군주는 반드시 상벌의 권한을 직접 쥐고 있어야 한다. 형벌이 지나치게 무거우면 줄여주고, 지나치게 가벼우면 더해준다. 줄이고 더할 때에는 정도가 있어야 신하들이 멋대로 무리를 지어 군주를 속이지 못하게 된다. 달이 이지러지는 것처럼 조금씩 줄이고, 불에 달구어지는 것처럼 조금씩 더해야 한다. 법령은 간략하고 처벌은 신중히 하되 벌을 줄 때는 반드시 철저히 해야 한다.

활시위를 한 번 당기면 늦추지 말 것이니, 그렇

게 하지 않으면 한 둥지에 두 마리 수컷이 있게 된
다. 한 둥지에 수컷이 두 마리가 되면 서로 무섭게
다툰다. 승냥이나 이리가 울타리 안에 있으면 양
들은 번식하지 못한다. 한 집안에 두 주인이 있으
면 집안일은 제대로 되지 않는다. 부부가 서로 집
안일을 주관하려 하면 자식은 누구를 따라야 할
지 모르게 된다.

　군주는 신하라는 나무를 자주 가지치기해서 나
뭇가지가 사방으로 퍼지지 못하도록 해야 한다.
나뭇가지가 사방으로 퍼지면 궁궐의 문을 막아버
린다. 위세 있는 신하의 집으로 사람들이 모여들
고 군주의 뜰은 텅 비게 되면 군주의 이목이 가려
진다. 군주는 자주 가지치기해서 나뭇가지가 밖
으로 자라나지 못하도록 해야 한다. 나뭇가지가
밖으로 자라나면 군주의 자리를 핍박하게 된다.
군주는 자주 가지치기해서 가지가 커지고 몸통이
작아지지 않도록 해야 한다. 가지가 커지고 몸통
이 작아지면 봄바람조차 이겨내지 못하게 된다.
봄바람조차 이겨내지 못하면 나뭇가지는 나뭇고
갱이를 해치게 된다.

　공자들이 많아지면 종실에서는 걱정하는 소리

가 끊이지 않는다. 그 소리를 그치게 하는 방법은 자주 가지치기해서 가지들이 무성해지지 않도록 하는 것이다. 나무를 자주 가지치기하면 패거리를 지은 자들이 이내 흩어지고, 뿌리를 파내면 나무는 이내 신묘한 위세를 잃게 된다. 거세게 솟아오르는 샘물을 막아서 연못의 물이 넘치지 않게 해야 한다. 신하들의 속내를 잘 탐지하고 그 위세를 빼앗아야 하는데, 그때 군주는 번개나 벼락처럼 재빨리 해야 한다.

9장

팔간(八姦),
신하의 여덟 가지 간사한 짓

무릇 신하된 자가 하는 간사한 짓에는 여덟 가지가 있다.

첫째, 동상(同床)이다. 무엇을 '동상'이라 하는가? 잠자리를 함께하는 정실과 애첩, 군주가 총애하는 미인들로서 이들은 군주를 현혹하는 자들이다. 군주가 편안한 곳에서 느긋하게 즐기거나 잔뜩 취했을 때를 노려 자신이 바라는 것을 보채어 군주가 반드시 들어주게 만든다. 신하들은 내밀하게 금과 옥을 써서 그녀들이 군주를 현혹하게 한다. 이를 '동상'이라 한다.

둘째, 재방(在旁)이다. 무엇을 '재방'이라 하는

가? 광대와 난쟁이 등 군주를 가까이에서 모시는 자들이다. 이들은 군주가 명하기도 전에 "예, 예!" 하고 시키기도 전에 "네, 네!" 하며, 군주의 뜻을 먼저 알아채고 그 모습과 낯빛을 잘 살펴 먼저 군주의 마음에 맞추는 자들이다. 이들 모두 군주와 함께 나아가고 함께 물러나며 함께 물음에 응하고 함께 대답하며 말이나 행동을 똑같이 하면서 군주의 마음을 움직이는 자들이다. 신하들은 안으로는 금과 옥, 노리개를 뇌물로 바치고 밖으로는 그들을 위해 불법을 저질러 그들이 군주의 마음을 바꾸게 한다. 이를 '재방'이라 한다.

셋째, 부형(父兄)이다. 무엇을 '부형'이라 하는가? 맏아들 이외의 자식들은 군주가 가까이하고 아끼는 자들이다. 조정의 대신들은 군주가 함께 일을 꾀하는 자들이다. 이들이 모두 힘을 다해서 의론을 펼치면 군주는 반드시 들어준다. 신하들은 좋은 음악과 아름다운 여인을 군주의 자식들에게 바치고 조정의 대신들을 달콤한 말로 꾀어 약속한 일을 군주에게 말하게 한다. 그래서 일이 이루어지면 관작은 높아지고 녹봉은 더 많아진다는 것으로 그들의 마음을 기쁘게 하여 군주의 마음을 거스르게 한다. 이를 '부형'이라 한다.

넷째, 양앙(養殃)이다. 무엇을 '양앙'이라 하는가? 군주가 궁실과 누대, 연못 등을 즐겨 치장하고 미녀와 개, 말 따위를 꾸며서 노는 걸 좋아하는 것, 이것이 군주의 재앙이다. 신하들은 백성들의 힘을 다 기울여 궁실과 누대, 연못 등을 치장하고, 세금을 무겁게 거두어들여 미녀와 개, 말 따위를 꾸며서 군주의 마음을 즐겁게 하면서 또 어지럽히고, 군주가 하고 싶은 것을 다 하도록 해놓고 그 사이에 사사로이 이익을 챙긴다. 이를 '양앙'이라 한다.

다섯째, 민맹(民萌)이다. 무엇을 '민맹'이라 하는가? 신하들은 공공의 재물을 뿌려서 백성들을 기쁘게 하고 작은 은혜를 베풀어 백성들의 마음을 얻으며 조정의 관리들이나 저자의 백성들이 모두 자신을 기리도록 만들어서 군주를 막아버리고 자신이 바라는 것을 이룬다. 이를 '민맹'이라 한다.

여섯째, 유행(流行)이다. 무엇을 '유행'이라 하는가? 군주는 본디 언로가 막혀 있어서 세상의 논의들을 두루 듣는 일이 드물어 유세가의 변설에 쉽게 넘어간다. 신하들은 여러 제후국의 변론가들을 불러들이고 나라 안에서 변설을 잘하는 자를 길러 자신에게 이로운 것을 이들이 군주에게 말하도록 한다. 교묘하게 꾸민 말이나 유창한 논변을 구사해 이로운 형세를 보여주거나 걱정스런 해악으로 겁을 주는 등 근거도 없는 헛된 말들을 늘어놓아 군주의 마음을 허문다. 이를 '유행'이라 한다.

일곱째, 위강(威强)이다. 무엇을 '위강'이라 하는가? 군주는 신하들과 백성들에 기대어서 위세를 떨친다. 신하들과 백성들이 좋다고 하면 군주도 좋다고 여기고, 신하들과 백성들이 좋다고 여기지 않으면 군주도 좋다고 여기지 않는다. 그런데 신하들은 허리에 칼을 찬 협객을 모으고 죽음을 두려워하지 않는 무사를 길러서 제 위세를 드러내며 자신을 위해 일하는 자는 반드시 이롭고 자신을 위하지 않는 자는 반드시 죽는다는 것을 밝혀 다른 신하들과 백성들을 두렵게 만들면서 자신의 사사로운 이익을 챙긴다. 이를 '위강'이라 한다.

여덟째, 사방(四方)이라 한다. 무엇을 '사방'이라 하는가? 군주는 나라가 작으면 큰 나라를 섬기고, 군사력이 약하면 군사력이 강한 나라를 두려워한

116

다. 큰 나라가 요구하는 게 있으면 작은 나라는 반
드시 들어주고, 군사력이 강한 나라가 밀어붙이면
군사력이 약한 나라는 반드시 굴복한다. 신하들
은 세금을 무겁게 거두고 국고를 다 기울여 나라
의 재정을 텅 비게 하면서 큰 나라를 섬기고는 그
위세를 이용하여 군주를 제 마음대로 이끌려고 한
다. 심하게는 큰 나라의 군대를 변경까지 불러들
여 나라 안을 제압하고, 약하게는 큰 나라의 사신
을 자주 맞아들여 군주의 마음을 뒤흔들며 두려움
에 떨게 한다. 이를 '사방'이라 한다.

　무릇 이 여덟 가지는 신하가 간사한 짓을 이루
는 방법이고 군주가 이목이 가려지고 협박당하여
제가 가진 것을 잃게 되는 원인이니, 잘 살피지 않
을 수 없다.

　현명한 군주는 후궁들에 대해 그 미색을 즐기기
는 하지만, 요구는 들어주지 않고 사적으로 청탁
하지도 못하게 한다. 좌우 측근들에 대해서는 그
들이 말한 것을 반드시 지키도록 책임을 묻고, 쓸
데없는 말을 늘어놓지 못하게 한다. 부형이나 대
신들에 대해서는 그 말을 들어주되 반드시 형벌
로써 책임을 묻고, 임용한 뒤에는 함부로 행동하

지 못하게 한다. 보고 즐기면서 갖고 놀 만한 것에 대해서는 반드시 그 출처를 알리게 하고, 신하들이 제멋대로 올리거나 물리치지 못하게 하여 그들이 군주의 속내를 헤아리지 못하게 한다. 은덕을 베푸는 데 있어서는 궁중의 재물을 풀고 곡식 창고를 열어서 백성들을 이롭게 할 때는 반드시 군주로부터 명령이 나오게 하여 신하들이 그 은덕을 제 것으로 삼지 못하게 한다. 유세나 논의에 있어서는 대개 좋아하는 자를 칭찬하고 미워하는 자를 헐뜯는 법이므로 반드시 무엇을 잘했는지 무엇을 잘못했는지 살펴서 신하들이 서로 한 패거리가 되어 말을 맞추지 못하게 한다. 용력이 뛰어난 무사에 대해서는 전쟁에서 공을 세웠을 때는 지나치게 상을 주지 않고 나라 안에서 사사로이 용맹을 발휘하면 그 죄를 용서하지 않아서 신하들이 사사로이 재물을 털어 무사를 기르지 못하게 한다. 제후들의 요구에 대해서는 도리에 맞으면 받아들이고 도리에 맞지 않으면 거절한다.

이른바 망국의 군주란 제 나라를 갖지 못한 자가 아니라 갖고 있으면서도 실제로는 제 것이 아닌 자를 말한다. 신하가 외세를 등에 업고 국내의 일을 제어한다면, 이는 군주가 망한 것이나 다름이 없다. 큰 나라의 요구를 들어주는 것은 망하지 않도록 하기 위해서인데, 망하는 것이 요구를 들어주지 않는 것보다 빠르다면 신하가 말하는 큰 나라의 요구를 들어주지 않는다. 신하들은 군주가 큰 나라의 요구를 들어주지 않는다는 것을 알면 밖으로 제후들과 손을 잡지 않는다. 제후들의 요구를 들어주지 않으면 군주는 신하가 속이는 말에 넘어가지 않게 된다.

현명한 군주가 관직과 작위, 녹봉의 제도를 마련하는 것은 현명하고 재능 있는 자를 등용하고 공을 세울 만한 자가 힘쓰도록 하기 위해서다. 그래서 "현명하고 재능 있는 자는 녹봉을 후하게 주고 높은 자리에 앉히며, 공적이 큰 자에게는 작위를 높여주고 두터운 상을 내린다"고 말한다. 현명한 자에게 관직을 줄 때는 그 능력을 잘 헤아리고, 녹봉을 내릴 때는 그 공적을 잘 저울질한다. 그래야 현명한 자는 제 능력을 속여서 군주를 섬기지 않게 되고, 공적이 있는 자는 제 일을 즐거이 더하게 되므로 일은 이루어지고 공적이 쌓인다.

　　그러나 지금은 그렇지 않다. 현명한지 못났는지 따져보지도 않고 공로가 있는지 없는지 논하지도 않은 채, 제후들이 중요하게 여긴다고 기용하고 측근들이 아뢴다고 받아들인다. 부형이나 대신들은 위로 군주에게 작위와 녹봉을 청하고 아래로 그것을 팔아서 재물을 끌어모으거나 사사로이 패거리를 만든다. 그래서 재물이 많은 자는 관직을 사서 더욱 귀해지고, 군주의 측근과 교제하는 자는 청탁을 하여 권세를 더 강화한다. 공로가 있는 신하는 논의에서 제외되고, 관직의 이동도 잘못되거나 부적절해진다. 이러하므로 관리들은 제 직무는 변변찮게 하면서 외국과 결탁하고, 해야 할 일은 버려둔 채 재물이 있는 쪽을 가까이하게 된다. 결국 현명한 자도 풀어지고 게을러져서 힘쓰지 않게 되고, 공적을 쌓은 자도 게으름을 피우며 제 일을 소홀히 하게 되니, 이것이 망하는 나라의 풍조다.

10장

십과(十過),
군주의 열 가지 허물

군주가 저지르는 열 가지 허물이 있다.

첫째는 참된 마음을 작게 쓰는 것으로, 이렇게 되면 참된 마음을 크게 쓰는 일에 해롭다. 둘째는 작은 잇속에 매이는 것으로, 이렇게 되면 큰 이익을 해친다. 셋째는 행동이 치우치고 제멋대로 하며 제후들에게 무례하게 구는 것이니, 이렇게 되면 제 몸을 망치는 데에 이른다. 넷째는 정사를 듣고 다스리는 일에 힘쓰지 않으면서 음악만 좋아하는 것이니, 이렇게 되면 궁지에 내몰리게 된다. 다섯째는 탐욕스럽고 괴팍하며 이익을 밝히는 것이니, 이는 나라를 멸망시키고 제 자신을 죽이는

121

근본이 된다. 여섯째는 여인들의 춤과 노래에 빠져 정사를 돌보지 않는 것이니, 이는 나라를 망치는 재앙이 된다. 일곱째는 도성을 떠나 멀리 유람하며 간언하는 선비를 홀대하는 것이니, 이는 제 몸을 위태롭게 하는 길이다. 여덟째는 허물을 짓고도 충신의 말에 귀 기울이지 않고 홀로 제 마음대로 하는 것이니, 이는 높은 명성을 잃고 비웃음을 사는 빌미가 된다. 아홉째는 안으로 자신의 역량을 헤아리지 않고 밖으로 다른 나라의 제후를 믿는 것이니, 이는 나라의 영토가 깎이는 우환이 된다. 열째는 나라가 작은데도 다른 나라에 무례하고 간언하는 신하의 말을 받아들이지 않는 것이니, 이렇게 되면 대를 이을 자손이 끊기는 형세가 된다.

무엇을 '참된 마음을 작게 쓰는 것'이라 하는가?

옛날 초나라 공왕(共王)이 진(晉)나라 여공(厲公)과 언릉(鄢陵)에서 싸울 때였다. 초나라 군사가 패하고 공왕은 눈에 부상을 당했다. 싸움이 한창일 때, 사마자반(司馬子反)이 목이 말라 마실 물을 구했다. 시종인 곡양(穀陽)이 술이 넘치는 잔을 가지고 와서 바쳤다. 자반이 말했다.

"아, 치워라! 이건 술이다!"

곡양이 말했다.

"이건 술이 아닙니다."

자반이 이내 받아 마셨다. 자반은 그 사람됨이 본래 술을 좋아했는데, 한번 맛보자 입에서 뗄 수가 없었고 곧 취해버렸다. 전투가 끝난 뒤, 공왕은 다시 싸우려고 사람을 시켜 자반을 불렀다. 그러나 자반은 가슴이 아프다는 핑계로 사절했다. 공왕이 말을 타고 직접 가서 자반의 막사 안으로 들어갔는데, 술 냄새가 진동하자 그냥 돌아와서는 말했다.

"오늘 싸움에서 나는 상처를 입었다. 믿을 사람은 사마뿐이다. 그런데 사마가 또 이렇게 취했으니, 이는 초나라의 사직을 잊고 우리 군사들을 가엾게 여기지 않은 것이다. 나는 다시 싸울 여력이 없구나!"

그리고는 군사를 돌이켜서 그곳을 떠난 뒤에 사마자반의 목을 베어 저잣거리에 내걸었다. 시종인 곡양이 술을 바친 것은 자반에게 적의가 있어서가 아니다. 그 마음은 참으로 자반을 아꼈는데, 이게 도리어 그를 죽게 만들었다. 그래서 "참된 마음을 작게 쓰면 참된 마음을 크게 쓰는 일에 해롭다"고 말한 것이다.

무엇을 '작은 잇속에 매이는 것'이라 하는가?

옛날 진(晉)나라 헌공(獻公)이 괵(虢)나라를 치려고 우(虞)나라로부터 길을 빌리려 했다. 대부 순식(荀息)이 말했다.

"군주께서 수극(垂棘)에서 난 아름다운 구슬과 굴(屈) 땅에서 난 명마를 우공(虞公)에게 뇌물로 주고 길을 빌려달라고 하신다면, 반드시 우리에게 길을 빌려줄 것입니다."

헌공이 물었다.

"수극에서 난 구슬은 선왕께서 아끼시던 보물이고, 굴 땅의 명마는 과인의 준마다. 만약 내가 보낸 선물만 받아먹고 길을 빌려주지 않으면 어찌할 건가?"

"저들이 길을 빌려주지 않으려 한다면, 결코 우리 선물을 받지 않을 것입니다. 만약 우리 선물을 받고 길을 빌려주면, 이는 마치 보물을 안에 있는 창고에서 꺼내 바깥의 창고에 넣어두고 말을 안에 있는 마구간에서 꺼내 바깥의 마구간에 옮겨두는 것과 같습니다. 그러니 군주는 걱정하지 마십시오."

"그럼, 그렇게 하시오."

곧 순식을 시켜 수극에서 난 구슬과 굴 땅의 명마를 우공에게 뇌물로 주고 길을 빌려달라고 요구했다. 우공은 그 구슬과 말을 탐내어 요구를 들어주려고 했다. 그때 궁지기(宮之奇)가 간했다.

"들어주어서는 안 됩니다. 우리에게 괵나라는 마치 수레에 덧방나무가 있는 것과 같습니다. 덧방나무는 수레에 의존하고 수레 또한 덧방나무에 의존합니다. 우와 괵의 형세가 바로 이렇습니다. 이제 만일 길을 빌려준다면, 괵은 아침에 망하고 우는 저녁에 뒤따라 망하게 됩니다. 결코 옳지 않으니, 부디 들어주지 마십시오!"

우공은 이 말을 듣지 않고 드디어 길을 빌려주었다. 순식은 괵나라를 쳐서 이기고, 돌아온 지 3년 만에 군사를 일으켜 우나라를 쳐서 또 이겼다. 순식은 말을 끌고 구슬을 받들고 돌아와 헌공에게 알렸다. 헌공이 기뻐하며 말했다.

"구슬은 그대로구나! 말도 나이는 더 먹었지만, 그대로구나!"

우공의 군대가 깨지고 영토가 깎인 것은 무엇 때문인가? 작은 잇속에 이끌려 더 큰 해로움을 생각하지 않았기 때문이다. 그러므로 "작은 잇속에 매이면 큰 이익을 해친다"고 말한 것이다.

무엇을 '행동이 치우치고 제멋대로 하는 것'이라 하는가?

옛날 초나라 영왕(靈王)이 신(申) 땅에서 제후들과 회합을 가졌다. 이때 송나라의 태자가 늦게 도착하자 그를 붙잡아 가두었다. 또 서(徐)나라 군주를 업신여기고 제나라의 대부 경봉(慶封)을 구속했다. 활쏘기를 담당하던 시종이 간했다.

"제후들을 모을 때는 예의를 차리지 않으면 안 됩니다. 이는 나라의 존망을 가르는 관건입니다. 옛날 하나라 걸왕(桀王)은 유융(有戎) 땅에서 회합했으나 유민(有緡)이 배반했고, 상나라 주왕(紂王)은 여구(黎丘)에서 제후들과 사냥 모임을 가졌으나 융적(戎狄)이 배반했는데, 이는 예의를 갖추지 않았기 때문입니다. 군주께서는 잘 헤아리십시오."

영왕은 그 말을 듣지 않고 드디어 제 뜻대로 했다. 그로부터 1년이 채 안 되어 영왕이 남쪽으로 순행할 때, 그를 따라온 신하들이 그를 위협하자 영왕은 건계(乾溪) 가에서 굶어 죽었다. 그러므로 "행동이 치우치고 제멋대로 하며 제후들에게 무례하게 굴면 제 몸을 망치는 데에 이른다"고 말한 것이다.

무엇을 '음악만 좋아하는 것'이라 하는가?

옛날 위(衛)나라 영공(靈公)이 진(晉)나라로 가다가 복수(濮水) 가에 이르렀을 때, 수레에서 말을 풀어놓고 막사를 설치하여 하룻밤 묵었다. 한밤중에 전혀 새로운 곡조를 타는 소리가 들렸는데, 마음이 들뜨고 좋았다. 사람을 시켜 주변에 물어보게 했으나, 다들 듣지 못했다고 말했다. 이에 악사인 사연(師涓)을 불러서 말했다.

"전혀 새로운 곡조를 타는 소리를 듣고 사람을 시켜 주변에 물어보게 했으나, 다들 듣지 못했다고 하오. 그건 마치 귀신이 타는 곡조와 같았소. 그대가 과인을 위해서 듣고 베껴 주시오."

127

"그렇게 하겠습니다."

그리고는 조용히 앉아서 거문고를 뜯으며 베껴 적었다. 이튿날 사연이 아뢰었다.

"신이 베껴 적었습니다만, 아직 익숙하지 못합니다. 다시 하룻밤 더 머물러 익숙해지도록 해주십시오."

"좋소."

다시 하룻밤 더 머물렀다. 이튿날 연주가 익숙해지자 이윽고 진나라로 떠났다. 진나라 평공(平公)이 시이(施夷)의 누대에서 연회를 베풀었다. 주연이 한창 무르익었을 때, 영공이 일어나 말했다.

"새로운 곡조가 있어 들려드리고자 합니다."

평공이 "좋소"라고 말하자, 곧 사연을 불러 진나라의 악사인 사광(師曠) 곁에 앉아 거문고를 타게 했다. 곡조가 다 끝나기도 전에 사광이 사연의 손을 지그시 눌러 그치게 하고는 말했다.

"이건 망국의 곡조입니다. 끝까지 연주해서는 안 됩니다."

평공이 물었다.

"이 음악은 어디서 나온 것이오?"

사광이 대답했다.

"이건 사연(師延)이 만든 것으로, 상나라의 주왕(紂王)에게 바친 음란한 음악입니다. 무왕(武王)이 주왕을 칠 때, 사연은 동쪽으로 달아나 복수에 이르러 스스로 몸을 던졌습니다. 이 곡조는 분명히 복수 가에서 들었을 것입니다. 이전에 이 곡조를 들은 자는 반드시 나라를 잃었습니다. 이 곡은 끝까지 연주해서는 안 됩니다."

평공이 말했다.

"과인이 좋아하는 것은 음악이오. 그대는 그것을 끝까지 연주하시오."

사연이 끝까지 연주하여 마치자 평공이 사광에게 물었다.

"이는 어떤 곡조요?"

사광이 대답했다.

"이는 청상(淸商)이라는 곡조입니다."

"청상이 가장 슬픈 것이오?"

"청치(淸徵)만 못합니다."

"청치의 곡조를 들어볼 수 있겠소?"

"안 됩니다. 예부터 청치의 곡조를 들을 수 있는 이는 모두 덕성과 의로움을 갖춘 군주였습니다. 이제 군주께서는 덕성이 부족하니, 들을 수 없습

129

니다."

"과인이 좋아하는 것은 음악이오. 조금이라도 들어보고 싶소."

사광은 어쩔 수 없이 거문고를 끌어당겨서 타기 시작했다. 한 번 연주하자 검은 빛깔의 학이 여덟 마리씩 두 줄로 남쪽에서 날아와 회랑의 문 용마루 위에 앉았다. 다시 연주하자 학들이 나란히 늘어섰고, 세 번째 연주하자 목을 길게 늘여 울고는 날개를 펴서 춤을 추기 시작했다. 울음소리는 궁(宮)·상(商)의 소리에 맞았고 하늘에까지 울려 퍼졌다. 평공이 아주 기뻐했고, 앉아 있던 사람들도 모두 기뻐했다. 평공은 잔을 들고 일어나 사광의 장수를 빌며 건배하고는 돌아와 자리에 앉더니, 이렇게 물었다.

"곡조가 청치보다 더 슬픈 것은 없소?"

사광이 대답했다.

"청각(淸角)이 있습니다."

"청각의 곡조를 들어볼 수 있겠소?"

"안 됩니다. 옛날에 황제(黃帝)가 귀신들을 태산(泰山) 위에 모이게 한 적이 있습니다. 황제는 코끼리 장식을 한 수레를 타고 여섯 마리 교룡이 끌게 했으며, 불의 신 필방(畢方)이 수레 옆에 붙고, 전쟁의 신 치우(蚩尤)가 앞길을 열고, 바람의 신 풍백(風伯)이 길을 쓸고, 비의 신 우사(雨師)는 길에 물을 뿌렸습니다. 또 범과 이리가 앞장서고 귀신이 뒤에 따르며 등사(騰蛇)는 땅에서 기고 봉황은 하늘을 덮는 그런 성대한 귀신들의 모임에서 청각의 곡조를 만들었습니다. 이제 군주께서는 덕성이 부족하니, 들을 수 없습니다. 만일 들으신다면, 재앙이 있을지도 모릅니다."

"과인은 늙었소. 좋아하는 것이라고는 음악뿐이오. 부디 들려주기 바라오."

사광은 어쩔 수 없이 청각의 곡조를 연주했다. 한 번 연주하자 검은 구름이 서북쪽에서 일어났고, 두 번 연주하자 거센 바람이 불고 큰 비가 쏟아져 장막이 찢겨나가고 제사 그릇들이 깨지고 기왓장이 떨어져서 앉아 있던 사람들이 흩어져 달아나고 평공도 두려워 회랑의 방들 사이에 엎드렸다. 그 후, 진나라는 큰 가뭄이 들어 3년 동안 농작물이 나지 않았다. 평공 자신도 마침내 큰 병에 걸렸다. 그래서 "정사를 듣고 다스리는 일에 힘쓰지 않으면서 음악만 좋아하면 궁지에 내몰리게 된다"고 말한 것이다.

무엇을 '탐욕스럽고 괴팍하다'고 말하는가?

옛날 지백요(智伯瑤)가 조씨(趙氏)·한씨(韓氏)·위씨(魏氏) 세 가문을 이끌고 범씨(范氏)와 중항씨(中行氏)를 쳐서 멸망시켰다. 그는 돌아와서 병사들을 쉬게 하고 몇 년이 지나자 사람을 한씨에게 보내 땅을 요구했다. 한강자(韓康子)가 주려고 하지 않자, 가신인 단규(段規)가 간언했다.

"주지 않을 수 없습니다. 저 지백의 사람됨은 이익을 좋아하며 오만하고 괴팍합니다. 그가 땅을 요구해왔는데도 주지 않으면 반드시 한나라로 병력을 이동시킬 것입니다. 군주께서는 그에게 땅을 주십시오. 주면 그는 재미를 붙여서 또 다른 가문에도 땅을 요구할 것입니다. 다른 가문 가운데서 그 요구를 들어주지 않는 자가 있을 것이고, 들어주지 않으면 지백은 반드시 군대를 동원해 칠 것입니다. 이렇게 되면 우리는 환란을 피하면서 상황의 변화를 기다릴 수 있습니다."

"좋소."

곧 사자를 보내 1만 호의 현 하나를 지백에게

떼주었다. 지백은 기뻐하며 다시 사람을 위씨에게 보내 땅을 요구했다. 위선자(魏宣子)[1]가 주려고 하지 않자, 가신인 조가(趙葭)가 간언했다.

"지백이 한씨에게 땅을 요구했을 때, 한씨는 주었습니다. 이제 우리에게 땅을 요구하는데도 주지 않으면, 이는 우리가 스스로 강하다고 여겨서 밖으로 지백의 노여움을 부르는 셈입니다. 주지 않으면 그는 반드시 병사를 동원해서 우리를 칠 것입니다."

"좋소."

곧 사람을 보내 1만 호의 현 하나를 지백에게 떼주었다. 지백은 다시 사람을 조씨에게 보내 채(蔡)와 고랑(皐狼) 땅을 요구했는데, 조양자(趙襄子)는 주지 않았다. 이에 지백은 한씨 및 위씨와 몰래 맹약을 맺고 조씨를 치려고 했다. 조양자는 가신인 장맹담(張孟談)을 불러 물었다.

"저 지백의 사람됨은 겉으로는 친한 척하면서 속으로는 멀리하오. 한씨와 위씨에게는 세 번이나 사신을 보내면서 과인에게는 보내지 않았으니, 이는 반드시 병력을 동원해서 과인을 치려는 것이

1) 『전국책』과 『사기』 등에는 위환자(魏桓子)로 되어 있다.

오. 이제 우리는 어디에 근거지를 두면 좋겠소?"

장맹담이 대답했다.

"저 동알우(董閼于)[2]는 선군 조간자(趙簡子)의 유능한 신하로서 진양(晉陽)을 잘 다스렸고 또 윤탁(尹鐸)이 이어받아 잘 다스렸기 때문에 그 교화가 아직도 남아 있습니다. 군주께서 근거지로 삼을 곳은 진양뿐입니다."

"좋소."

곧이어 연릉생(延陵生)을 불러 병거와 기마병을 이끌고 진양으로 가게 하고, 조양자는 그 뒤를 따라갔다.

조양자가 진양에 이르러 성곽과 각 관아의 곳간을 점검했는데, 성곽은 수리가 되어 있지 않았고 곳간에는 비축해둔 곡식이 없었으며 관청에는 쌓아둔 돈이 없었고 무기고에는 갑옷과 병기가 없었으며 성을 방비할 시설도 갖추어지지 않았다. 조양자는 두려운 마음이 일어 장맹담을 불러서 물었다.

"내가 성곽과 다섯 관아의 창고를 점검했는데,

---

2) 『춘추좌전』과 『사기』 및 『전국책』 등에서는 '동안우(董安于)'로 되어 있으며, 앞의 「난언」에서도 '동안우'로 나온다.

모두 대비가 되어 있지 않았소. 그대는 어떻게 적에게 맞설 생각이오?"

장맹담이 대답했다.

"제가 들으니, 성인은 다스릴 때 재물을 민간에 쌓아두지 관아의 창고에 저장하지 않으며, 교화하는 데에 힘쓰지 성곽을 수리하는 데에 힘쓰지 않는다고 했습니다. 군주께서 지금이라도 명령을 내리시면, 백성들이 스스로 3년 먹을 식량만 남기고 나머지 곡식을 곳간으로 옮길 것이고, 돈도 3년 쓸 것만 남기고 나머지는 관아로 가져올 것입니다. 또 집집마다 남은 인력으로 성곽을 수리하게 하십시오."

군주가 저녁에 명령을 내리자 이튿날 곳간에는 곡식이 넘칠 만큼 쌓였고 관아도 돈을 더 쌓아둘 수 없을 정도가 되었으며 무기고도 갑옷과 병기를 더 넣을 수 없을 지경이 되었다. 닷새가 지나자 성곽이 다 수리되었으며, 방어 채비도 다 갖추어졌다. 조양자는 장맹담을 불러서 물었다.

"우리 성곽이 다 수리되었고 방어 채비도 다 갖추어졌으며 돈과 곡식도 이미 충분하고 갑옷과 병기도 남을 정도가 되었소. 그런데 화살이 없으니, 어쩌면 좋겠소?"

장맹담이 대답했다.

"제가 들으니, 동알우가 진양을 다스릴 때 공공 건물의 담을 모두 물억새나 쑥대, 싸리나무 등으로 엮어서 둘렀다고 합니다. 그 높이가 열 자 가량 되니, 이를 잘라서 쓰십시오."

그래서 이것들을 베어 써보니, 단단하기는 굳센 대나무도 견줄 수 없을 정도였다. 조양자가 말했다.

"화살은 이제 충분한데 화살촉이 없으니, 어찌하면 되겠소?"

"제가 들으니, 동알우가 진양을 다스릴 때 공관과 관서에 있는 기둥의 기초를 모두 정련된 구리로 만들었다고 합니다. 그것을 뽑아 쓰십시오."

그 말대로 뽑아서 쓰니, 화살촉이 남아돌았다.

호령은 이미 정해지고 방어 채비도 다 갖추어졌을 즈음, 세 가문의 군대가 과연 이르렀다. 그들은 이르자 곧 진양의 성벽을 기어올랐고, 드디어 싸움이 벌어졌다. 그러나 석 달이 지나도록 함락시키지 못했다. 이에 군사를 풀어 성을 포위하고서 진양성 옆으로 흐르는 강물을 터서 성 안으로 흘러들게 했다. 이렇게 진양을 3년 동안 포위하니, 성 안에서는 나무 위에 움집을 짓고 살며 솥을 매달아서 밥을 지었다. 돈과 식량은 다 떨어졌고, 병사들과 관리들도 지치고 병들었다. 조양자가 장맹담에게 말했다.

"양식도 재물도 다 떨어졌고, 병사들과 관리들도 지치고 병들었소. 이제 지킬 수 없을 듯하오. 항복하고 싶은데, 어느 쪽에 항복하는 게 좋겠소?"

장맹담이 대답했다.

"제가 들으니, '망할 나라를 존속시키지 못하고 위태로운 나라를 안정시키지 못한다면, 지략 있는 자를 귀하게 여길 필요가 없다'고 했습니다. 군주께서는 지금 계략을 잘못 짜고 있습니다. 제가 몰래 밖으로 빠져나가서 한씨와 위씨의 두 군주를 만나보겠습니다."

장맹담은 한씨와 위씨의 군주를 만나 말했다.

"제가 들으니, '입술이 없으면 이가 시리다'(脣亡齒寒)고 했습니다. 이제 지백이 두 군주를 이끌고 와서 우리 조씨를 치는 바람에 조씨는 거의 망할 지경이 되었습니다. 조씨가 망하면 두 군주께서 그다음이 될 것입니다."

두 군주가 말했다.

"우리도 그렇게 될 것을 알고 있소. 그러나 지백이라는 자는 마음이 사납고 야멸치오. 우리가 일을 꾀했다가 발각되면 반드시 재앙이 미칠 것이니, 어떻게 하면 좋겠소?"

장맹담이 말했다.

"계책은 두 분의 입에서 나와 저의 귀로 들어왔을 뿐입니다. 다른 사람은 결코 알지 못합니다."

두 군주는 한씨·위씨·조씨 세 군대로 지백을 치기로 장맹담과 약속하고 날짜를 정했다. 야음을 틈타 장맹담은 진양성으로 돌아가서 조양자에게 두 군주가 배반하기로 했다고 알렸다. 조양자는 장맹담을 맞아 두 번 절하고는 두려워하면서도 기뻐했다. 한강자와 위선자는 장맹담과 은밀하게 약속하고 돌려보낸 뒤에 지백에게 조회하러 갔다가 군문(軍門) 밖에서 지과(智過)를 만났다. 지과는 두 사람의 안색에 수상쩍은 점이 있어 곧바로 들어가서 지백을 만나 말했다.

"한씨와 위씨 두 군주의 표정을 보니, 변괴가 있을 듯합니다."

지백이 말했다.

"어째서 그렇소?"

"행동이 거만하고 기세가 등등한 것이 여느 때와는 다릅니다. 군주께서 먼저 손을 쓰셔야 합니다."

"나는 두 군주와 단단히 약속했소. 조씨를 깨뜨리면 그 땅을 셋으로 나누기로 말이오. 내가 그들을 가까이 대하고 있으니, 결코 속이지 않을 것이오. 우리 군대가 진양을 에워싼 지 3년이 되었고, 이제 곧 성을 함락시키면 그 이익을 함께 누릴 것인데, 어찌 딴 마음을 품겠소? 결코 그럴 일은 없소. 그대는 의심을 풀고 입 밖에도 내지 마시오."

이튿날, 한강자와 위선자는 다시 지백에게 조회하러 갔다가 나오면서 또 군문에서 지과를 만났다. 지과는 들어가서 지백에게 말했다.

"군주께서는 신이 한 말을 두 군주에게도 말했습니까?"

"어떻게 알았소?"

"오늘 두 군주가 조회하고 나오면서 저를 보았는데, 그 안색이 변하면서 저를 바라보았습니다. 이는 반드시 변괴를 꾀하고 있는 탓이니, 군주께서는 얼른 그들을 죽이는 것이 낫습니다."

"다시는 이런 말을 하지 마시오."

"안 됩니다. 반드시 그들을 죽여야 합니다. 만약 죽일 수 없다면, 더욱 가까이하십시오."

"가까이하려면 어찌해야 좋은가?"

"위선자의 참모는 조가이고, 한강자의 참모는 단규입니다. 이 두 사람은 모두 주군의 계략을 바꿀 능력이 있습니다. 군주께서는 그 두 사람에게 조씨를 깨뜨린 뒤에 각각 1만 호의 현에 봉하겠다고 약속하십시오. 그러면 한강자와 위선자의 마음이 변하지 않을 것입니다."

"조씨를 깨뜨린 뒤에 그 땅을 셋으로 나누기로 했는데 또 두 사람에게 각각 1만 호의 현을 봉하겠다고 한다면, 내가 얻을 게 적어지오. 안 되오!"

지과는 자신의 의견이 받아들여지지 않자 그를 떠났고, 그때부터 성을 보씨(輔氏)로 바꾸었다.

약속한 날 밤이 되자, 조씨의 군사들은 제방을 지키던 지백 쪽 병사들을 죽이고 강물을 터서 지백의 군대 쪽으로 흘러가게 했다. 지백의 군사들이 물을 막느라고 정신을 못 차릴 때 한강자와 위선자의 군사들이 양쪽에서 공격했다. 조양자

도 군사들을 이끌고 성문을 열어 정면을 쳐서 지
백의 군대를 크게 깨뜨리고 지백을 사로잡았다.
지백은 자신도 죽고 군대도 패하고 땅도 셋으로
나누어져 천하의 웃음거리가 되었다. 그래서 "탐
욕스럽고 괴팍하며 이익을 밝히면 나라를 멸망
시키고 제 자신을 죽이는 근본이 된다"고 말한
것이다.

무엇을 '여인들의 노래와 춤에 빠졌다'고 하는
가?

옛날 서융(西戎)의 왕이 유여(由余)를 진(秦)나라
에 사절로 보냈다. 진나라 목공(穆公)이 그에게 물
었다.

"과인은 다스림의 도에 대해서 들은 적은 있으
나, 아직 눈으로 직접 본 적은 없소. 옛날의 현명
한 군주가 나라를 얻거나 잃은 까닭이 무엇인지
듣고 싶소."

유여가 대답했다.

"신은 '늘 검소하면 나라를 얻고 사치하면 나라
를 잃는다'고 들었습니다."

"과인은 욕됨을 무릅쓰고 그대에게 다스림의 도

에 대해 물었는데 그대는 검소함이라고 과인에게 대답했으니, 무슨 까닭이오?"

"신이 들으니, 옛날 요임금이 천하를 다스릴 때 흙으로 만든 그릇에 밥을 담아 먹었고 흙으로 만든 병에 물을 담아 마셨다고 합니다. 그런데도 그 땅은 남쪽으로 교지(交趾)까지, 북쪽으로는 유도(幽都)까지, 동서 양쪽으로는 해와 달이 뜨고 지는 곳까지 이르렀는데, 복종하지 않는 자가 없었습니다. 요가 천하를 순에게 넘기자 순은 천하를 넘겨받은 뒤에 식기를 만들기 위해서 산의 나무를 베어 재료로 삼아 자르고 깎아 그 자국을 가리려고 그 위에 옻칠을 하여 궁 안에 두어서 식기로 썼습니다. 그러자 제후국 가운데 열세 나라가 사치스럽다고 여겨 복종하지 않았습니다.

순이 천하를 선양하여 우에게 전하자 우는 식기를 만들었습니다. 겉에는 옻칠을 하고 안에는 붉은색으로 그림을 그려 넣었으며, 무늬 없는 비단으로 수레 깔개를 만들었고, 물풀로 자리를 짜고 가장자리에 아름다운 술을 달았으며, 술잔에 색칠을 하고 술그릇과 도마에 문양을 그려 넣었습니다. 이처럼 사치가 심해지자 복종하지 않는 나라가 서른셋이었습니다. 하나라가 망하고 은나라가 들어서자 천자의 수레가 다니는 대로를 만들고 아홉 개의 깃발을 세웠으며, 그릇에 조각을 하고 술잔도 새겼으며, 사방의 벽면에 칠을 하고 깔개와 자리에도 문양을 새겼습니다. 이처럼 사치가 심해지자 쉰세 나라가 복종하지 않았습니다. 귀족들도 모두 화려하게 꾸밀 줄 알게 되자 복종하려는 자들이 갈수록 줄어들었습니다. 그래서 제가 '검소함이 다스림의 도다'라고 말했던 것입니다."

유여가 나가자 목공은 곧 내사(內史)인 요(廖)를 불러 물었다.

"과인은 이웃나라에 성인이 있으면 적국의 걱정거리가 된다고 들었소. 이제 보니 유여는 성인이오. 과인은 그게 걱정이 되는데, 어찌하면 좋겠소?"

"신이 들으니, 서융의 왕이 기거하는 곳은 외지고 좁으며 멀리 떨어져 있어서 중원의 음악은 들어본 적이 없다고 합니다. 군주께서 그에게 무희를 보내 그 정치를 어지럽게 만들고, 그런 뒤에 유여가 돌아갈 날을 늦추어 달라고 청하여 그가 간언할 수 없게 하십시오. 그러면 저 군주와 신하 사이에 틈이 벌어질 터이니, 그때 일을 꾀할 수 있습니다."

"좋소."

곧 내사 요를 시켜 무희 열여섯 명을 서융의 왕에게 보냈고, 요는 유여가 돌아갈 날을 늦추어 달라고 청했다. 서융의 왕은 허락했으며, 무희들을 보고 아주 기뻐서 날마다 주연을 열어 오래도록 술을 마시며 음악을 즐겼다. 한 해가 지나도록 옮겨가지 않아서 소와 말이 절반이나 죽었다.[3]

나중에 유여가 서융으로 돌아와 왕에게 간언했으나, 왕은 듣지 않았다. 마침내 유여는 그곳을 떠나 진나라로 갔다. 목공은 그를 맞이하여 상경(上卿)으로 삼았다. 목공은 서융의 군사와 지형에 대해 물었고, 정보를 얻은 뒤에 군사를 일으켜 서융을 쳤다. 열두 나라를 아우르고 땅을 천 리나 넓혔다. 그래서 "여인들의 춤과 노래에 빠져 정사를 돌보지 않으면 나라를 망치는 재앙이 된다"고 말한 것이다.

---

3) 서융은 유목민이어서 풀을 찾아 옮겨 다녀야 하는데, 왕이 음악에 빠져 옮겨가지 않았으므로 소와 말이 죽었던 것이다.

무엇을 '도성을 떠나 멀리 유람한다'고 하는가?

옛날 제나라 경공(景公)[4]이 바닷가에서 놀다가 그 즐거움에 푹 빠져 여러 대부들에게 명령을 내렸다.

"돌아가자고 말하는 자는 죽이겠다."

안탁취(顏涿聚)가 말했다.

"군주께서 바닷가에서 놀다가 그 즐거움에 푹 빠져 있을 때 나라를 빼앗으려 일을 꾸미는 신하가 있으면, 어떻게 하실 겁니까? 그때 군주께서 즐기려 하신들, 어찌 그렇게 할 수 있겠습니까?"

경공이 말했다.

"과인이 '돌아가자고 말하는 자는 죽이겠다'고 명령을 내렸다. 이제 그대는 과인의 명령을 어겼다!"

그리고는 창을 당겨서 그를 찌르려 했다. 안탁취가 말했다.

---

4) 원문에는 '전성자(田成子)'로 되어 있으나, 당시 전성자는 군주가 아닌 신하의 신분이었으므로 문맥상 적절하지 않다. 또 『설원(說苑)』「정간(正諫)」에서는 '제경공(齊景公)'으로 되어 있고, 이것이 문맥상 적절하므로 전성자를 경공으로 고쳐 번역했다.

"옛날 하나라의 폭군 걸(桀)은 관룡방(關龍逢)을 죽였고 상나라의 주(紂)는 비간(比干)을 죽였는데, 이제 군주께서 저를 죽이신다면 저는 세 번째 충신이 될 것입니다. 신은 나라를 위해 말한 것이지 자신을 위해 말한 것이 아닙니다."

목을 길게 빼고 앞으로 나아가며 말했다.

"군주께서는 제 목을 치십시오!"

경공은 곧 창을 거두고 수레를 몰아 돌아갔다. 사흘 후, 도성 사람들 가운데 경공을 도성에 들이지 못하도록 꾀한 자가 있었다는 말을 들었다. 경공이 제나라를 안정시킬 수 있었던 것은 안탁취의 힘이었다. 그래서 "도성을 떠나 멀리 유람하는 것은 제 몸을 위태롭게 하는 길이다"라고 한 것이다.

무엇을 '허물을 짓고도 충신의 말에 귀 기울이지 않는다'고 하는가?

옛날 제나라 환공은 아홉 번 제후들을 규합하고 천하를 하나로 바로잡으며 춘추오패의 첫째 패자가 되었는데, 관중이 그를 보좌했다. 관중은 늙어서 정사를 볼 수 없게 되자 물러나 집에서 쉬었다. 환공이 찾아가서 물었다.

"중보(仲父)가 병이 있어 집에서 쉬고 있는데, 불행하게도 이 병으로 일어나지 못하게 되면 누구에게 정사를 맡기면 되겠소?"

관중이 대답했다.

"저는 늙었기 때문에 물어볼 게 못 됩니다. 그렇지만 신이 들으니, '신하를 군주보다 잘 아는 사람이 없고, 자식을 아비보다 잘 아는 사람이 없다'고 했습니다. 군주께서 먼저 마음에 둔 것을 말씀해주십시오."

환공이 말했다.

"포숙아(鮑叔牙)는 어떻소?"

"안 됩니다. 포숙아는 사람됨이 굳세고 고집이 세며 너무 사납습니다. 굳세면 백성들을 모질게 대할 수 있고, 고집이 세면 백성들의 마음을 얻지 못할 수 있으며, 사나우면 아랫사람들이 쓰이려 하지 않습니다. 그는 마음에 두려워하는 게 없으니, 패자를 보좌할 인물이 아닙니다."

"그렇다면 수조(豎刁)는 어떻소?"

"안 됩니다. 무릇 사람은 인정상 제 몸을 아끼기 마련입니다. 그런데 군주께서 질투하며 여색을 좋아하는 것을 알자 수조는 스스로 거세하여 후궁을 관리했습니다. 제 몸을 아끼지 않는 자가 어찌 군주를 아낄 수 있겠습니까?"

"그렇다면 위(衛)나라에서 온 공자 개방(開方)은 어떻소?"

"안 됩니다. 제나라와 위나라 사이는 고작 열흘 거리인데, 개방은 군주를 섬기면서 군주의 비위를 맞추고 싶어 15년 동안 부모를 만나러 가지 않았습니다. 이는 인정에 어긋나는 것입니다. 제 부모조차 섬기지 않는데, 어찌 군주를 제대로 섬기겠습니까?"

"그렇다면 역아(易牙)는 어떻소?"

"안 됩니다. 저 역아는 군주를 위해 맛을 내고 있습니다. 군주께서 오직 사람 고기만 먹어보지 못했다고 하자, 역아는 제 자식의 머리를 삶아 바쳤습니다. 이는 군주께서도 아시는 바입니다. 사람의 정이란 제 자식을 사랑하지 않을 수 없는데, 이제 제 자식을 삶아서 군주에게 올렸습니다. 제 자식도 사랑하지 않는데, 어찌 군주를 사랑할 수 있겠습니까?"

"그렇다면 누가 좋겠소?"

"습붕이 좋습니다. 그는 사람됨이 마음속은 단단하면서 밖으로는 예의바르고, 욕심이 적고 믿음이 두텁습니다. 마음속이 단단하면 본보기로 삼기에 충분하고, 밖으로 예의바르면 큰일을 맡길 수 있으며, 욕심이 적으면 백성들을 다스릴 수 있고, 믿음이 두터우면 이웃나라와 잘 사귈 수 있습니다. 이런 사람이 패자를 보좌할 인물입니다. 군주께서는 그를 쓰십시오."

"그렇게 하겠소."

1년이 지나 관중이 죽었다. 환공은 습붕을 쓰지 않고 수조에게 그 자리를 주었다. 수조가 정사를 맡은 지 3년 쯤 되었을 때, 환공은 남쪽으로 당부(堂阜)를 유람하고 있었다. 수조는 역아와 위나라 공자 개방 및 대신들을 이끌고 반란을 일으켰다. 환공은 목이 마르고 굶주린 상태로 남문의 침궁(寢宮)에 갇혀 죽었다. 환공이 죽은 지 석 달이 지나도록 그 주검을 거두지 않자 구더기가 문 밖으로 기어 나왔다. 환공은 자신의 군사로 천하를 마음대로 돌아다니면서 춘추오패의 우두머리가 되었으나, 끝내 신하에게 시해당하고 높은 명성까지 잃어 천하의 웃음거리가 되었다. 그 까닭은 무엇인가? 관중의 말을 듣지 않은 탓이다. 그래서 "허물을 짓고도 충신의 말에 귀 기울이지 않고 홀로 제 마음대로 하면, 높은 명성을 잃고 비웃음을 사는 빌미가 된다"고 말한 것이다.

무엇을 '안으로 자신의 역량을 헤아리지 않는다'고 하는가?

옛날 진(秦)나라가 한(韓)나라의 의양(宜陽)을 치자, 한나라 군주는 초조해졌다. 공중붕(公仲朋)이 한나라 군주에게 말했다.

"동맹국은 믿을 수 없습니다. 장의(張儀)를 내세워 진나라와 화친을 맺는 게 낫습니다. 큰 도성을 뇌물로 주고 동시에 남쪽의 초나라를 함께 치자고 하십시오. 이는 진나라에 대한 걱정을 풀면서 그 해로움을 초나라로 떠넘기는 것입니다."

"좋소!"

곧 공중붕을 서쪽으로 보내 진나라와 화친을 맺으려 했다. 초나라 왕이 이를 전해 듣고 두려워한 나머지 유세객인 진진(陳軫)을 불러서 물었다.

"한나라의 공중붕이 서쪽으로 가서 진나라와 화친을 맺는다고 하니, 이를 어찌하면 좋겠소?"

진진이 대답했다.

"진나라는 한나라로부터 큰 도성 하나를 얻고
난 뒤에 잘 훈련된 군사를 이끌고 한나라와 연합
하여 남쪽의 초나라를 치려고 할 것입니다. 이는
진나라 왕들이 종묘에 빌며 바라던 일이었습니다.
이건 반드시 초나라에 큰 피해를 줄 것입니다. 왕
께서는 얼른 많은 수레에 갖가지 귀중한 예물을
실어 사신과 함께 한나라에 보내 바치면서 '내 나
라가 비록 작지만 한나라를 도우려고 모든 군사
를 일으켰습니다. 부디 귀국은 진나라에 대해 소
신대로 뜻을 펴기 바랍니다. 아울러 귀국의 사자
를 우리 국경에 들여보내 초나라가 군사를 일으
켰는지 살펴보게 하십시오'라고 말하십시오."

한나라에서는 사람을 초나라에 보냈고, 초나라
왕은 전차와 기마병 들을 이끌고 한나라로 가는
길목에서 진을 펼쳤다. 초나라 왕이 한나라의 사
자에게 말했다.

"우리 군사들이 막 국경으로 들어가려 한다고
귀국의 군주께 보고하시오!"

한나라의 사자는 돌아가서 군주에게 보고했고,
한나라 군주는 아주 기뻐하면서 공중붕에게 가지

말라고 했다. 공중붕이 말했다.

"안 됩니다. 실제적으로 우리 한나라를 치려는 나라는 진나라고, 명분만으로 우리를 구하겠다고 하는 나라는 초나라입니다. 초나라의 빈말을 듣고 강한 진나라의 실제적인 재앙을 가볍게 여기면, 나라가 위태롭게 됩니다."

한나라 군주는 듣지 않았다. 공중붕은 화가 나서 집으로 돌아가 열흘 동안이나 조회에 참석하지 않았다. 의양이 더욱 위급해지자, 한나라 군주는 사자를 초나라에 보내 구원군을 재촉했다. 사신의 수레가 잇따라 이어졌으나, 끝내 초나라 군사는 이르지 않았다. 의양도 마침내 함락되었고, 한나라는 제후들의 웃음거리가 되었다. 그래서 "안으로 자신의 역량을 헤아리지 않고 밖으로 다른 나라의 제후를 믿으면, 나라의 영토가 깎이는 우환이 된다"고 말한 것이다.

무엇을 '나라가 작은데도 다른 나라에 무례하다'고 하는가?

옛날 진(晉)나라 공자 중이(重耳)가 나라를 떠나 망명하다가 조(曹)나라를 지날 때였다. 조나라 군주는 중이의 갈비뼈가 하나로 붙어 있다는 소문을 들은지라 중이의 벗은 몸을 몰래 살펴보았다. 희부기(釐負羈)와 숙첨(叔瞻)이 앞에서 모시고 있었는데, 숙첨이 간언했다.

"제가 진나라 공자를 살펴보니 평범한 사람이 아닙니다. 그런데도 군주께서는 그를 무례하게 대했습니다. 만일 그가 귀국한다면 군사를 일으킬 텐데, 조나라에 해가 될까 두렵습니다. 그를 그대로 보내느니 차라리 죽이는 게 낫습니다."

조나라 군주는 듣지 않았다. 집으로 돌아온 희부기는 찐덥지 않았다. 그 아내가 물었다.

"당신은 밖에서 돌아와 계속 언짢은 낯빛을 하고 있는데, 무슨 일입니까?"

희부기가 대답했다.

"내가 들으니, '군주의 복은 나에게 미치지 않으나, 그 화는 나에게까지 미친다'고 들었소. 오늘 군주는 진나라 공자를 불러 무례하게 대했소. 나도 함께 그 앞에 있었는데, 그것 때문에 찐덥지 않은 거요."

그 아내가 말했다.

"제가 진나라 공자를 보기에도 대국에서 군주

를 할 인물이고, 곁에서 따르는 자들도 대국에서 재상이 될 만한 인물들입니다. 지금은 궁지에 빠져 나라를 떠나 망명하다가 조나라를 지나게 되었는데, 조나라에서 그를 무례하게 대했습니다. 나중에 그가 돌아가서 반드시 무례하게 대한 나라를 치게 된다면, 조나라가 첫 번째가 될 것입니다. 당신은 어째서 미리 그와 교분을 맺지 않으십니까?"

"알겠소."

희부기는 곧 황금을 넣은 단지에 음식을 덮고 그 위에 벽옥(璧玉)을 올린 뒤 한밤중에 사람을 시켜 중이에게 보냈다. 중이는 사자를 맞아들여 두 번 절하고서 음식만 받고 벽옥은 사양했다.

그 후, 공자 중이는 조나라에서 초나라로 갔다가 다시 초나라에서 진(秦)나라로 갔다. 진나라에 간 지 3년 만에 진나라 목공(穆公)이 뭇 신하들을 불러서 의논했다.

"옛날에 진(晉)나라 헌공(獻公)이 과인과 가까이 지낸 일은 제후들 가운데 모르는 이가 없소. 불행하게도 헌공이 세상을 떠난 지 10여 년이 지났으나, 뒤를 이을 자식이 변변치 않소. 나는 저 진나

라가 종묘와 사직에 제사를 제대로 지내지 못할
까 걱정이 되오. 이대로 놓아두고 안정시켜주지
않는 것은 사람을 사귀는 도리가 아니오. 나는 중
이를 도와서 그가 진나라에 들어가게 하려는데,
어떻게 생각하시오?"

신하들은 모두 "좋습니다"라고 말했다.

목공은 곧 군사를 일으켰다. 전차는 5백 대, 정
예 기마병 2천 명과 보병 5만 명이었다. 중이가 진
나라에 들어가도록 돕고 그를 진나라 군주로 세
웠다.

중이는 즉위한 지 3년이 되자 군사를 일으켜 조
나라를 쳤다. 그때 사람을 시켜 조나라 군주에게
이렇게 알렸다.

"숙첨을 포승으로 묶어 성 밖으로 내보내시오.
내 그를 죽여서 본보기로 삼을 것이오."

또 희부기에게도 사람을 보내 알렸다.

"우리 군대가 성에 다가가고 있소. 그대가 피할
곳이 없다는 걸 아오. 그대가 사는 마을에 표시를
해두면, 과인이 명령을 내려 군사들이 감히 침범
하지 못하게 하겠소."

조나라 사람들 가운데 그 소문을 들은 자들은

모두 친척들까지 데리고 희부기가 사는 마을에
가서 보호받으려 했는데, 7백여 호나 되었다. 이
는 예의를 차린 덕분이었다.

조나라는 진(晉)나라와 초나라 사이에 끼어 있
는 작은 나라이므로 그 군주는 마치 달걀을 쌓은
것처럼 위태로웠다. 그런데도 큰 나라의 공자를
무례하게 대했으니, 이는 대를 끊는 원인이다. 그
래서 "나라가 작은데도 다른 나라에 무례하고 간
언하는 신하의 말을 받아들이지 않으면 대를 이
을 자손이 끊기는 형세가 된다"고 말한 것이다.

고분(孤憤),
외로운 울분

법술을 잘 아는 선비는 반드시 멀리 내다보고
밝게 살핀다. 밝게 살피지 않으면 남이 사사로이
꾸미는 일을 들춰내지 못한다. 법술을 잘 쓰는 선
비는 반드시 굳세고 강직하다. 강직하지 않으면
간사한 자들을 바로잡지 못한다. 신하가 명령에
따라 일을 해나가고 법에 따라서 직무를 수행하
면, '중인(重人)'이라 부르지 않는다. 중인이란 명
령이 없는데도 제멋대로 하고 법을 어기며 사사
로이 잇속을 챙기면서 나라의 재물을 빼돌려 제
집안을 이롭게 하며 군주를 자신이 바라는 대로
조종하는 자이니, 이런 자가 권세를 휘두르는 신

하인 중인이다.

법술을 잘 아는 선비는 밝게 살피므로 그를 받아들여 쓴다면 중인들의 음모를 들춰낼 수 있다. 법술을 잘 쓰는 선비는 강직하므로 그를 받아들여 쓴다면 중인들의 간사한 짓을 바로잡을 수 있다. 그러므로 법술을 잘 알고 법술을 잘 쓰는 선비를 기용하면 지위가 높고 권세 있는 자들도 법을 어기면 반드시 쫓겨나게 된다. 법술을 잘 알고 쓰는 선비와 요직을 차지한 실권자는 공존할 수 없는 원수 같은 사이다.

요직을 차지한 자들이 중요 정책을 마음대로 처리하면 외교와 내치 모두 그들을 통해야 한다. 이런 까닭에 제후들도 그를 통하지 않으면 일이 잘 되지 않기 때문에 적국에서도 그를 칭송하고, 백관의 업무도 그를 통하지 않으면 일이 진행되지 않기 때문에 뭇 신하들도 그를 위해 일하며, 군주를 보좌하는 낭중(郎中)도 그를 통하지 않으면 군주에게 가까이 갈 수 없기 때문에 군주의 측근조차 그를 위해 잘못을 숨겨주고, 학자들도 그를 통하지 않으면 녹봉이 깎이고 대우도 낮아지기 때문에 학자들도 그를 위해 변호해준다. 제후와 백관, 낭중, 학자 등 네 부류의 도움이 바로 삿된 신하들이 자신들을 꾸며서 숨기는 방법이다.

중인이 군주에게 충성하려고 자신의 적인 법술을 잘 알고 쓰는 선비를 추천할 리가 없고, 군주역시 저 네 부류의 도움이 없이는 삿된 신하를 환히 살필 수 없다. 그래서 군주의 눈과 귀는 더욱가려지고 대신의 권세는 더욱 커진다.

요직을 차지한 자가 군주로부터 신임과 총애를받지 못하는 경우는 드문데, 게다가 오래도록 가까운 사이임에랴! 군주에게 착 들러붙어서 군주가 좋아하고 싫어하는 것을 같이하는 것이 바로그들이 승진하는 비결이다. 관직과 벼슬이 높고귀하며 패거리 또한 많으므로 온 나라가 그를 칭송한다.

그러나 법술에 정통한 선비는 군주에게 등용되려 해도 군주의 신임이나 총애를 받을 만한 친분도 없고 오래도록 가까운 사이도 아니다. 게다가이미 아첨에 익숙하고 치우친 마음을 지닌 군주를 법술의 논리로써 바로잡으려 하면, 군주의 심기를 거스를 뿐이다. 이런 선비는 지위는 낮고 신분은 미천하며 패거리도 없어 고독하기만 하다.

군주와 사이가 먼 자가 군주 가까이서 총애와 신임을 받는 자와 다투면 이길 수 없고, 새로 찾아온 자가 군주를 오래도록 가까이한 자와 다투면 이길 수 없고, 군주의 뜻을 거스르는 자가 군주의 비위를 잘 맞추는 자와 다투면 이길 수 없고, 경시받는 미천한 자가 권세 있는 귀한 자와 다투면 이길 수 없고, 한 사람의 목소리로 온 나라가 칭송하는 자와 다투면 이길 수 없다. 법술을 익힌 선비는 이렇게 다섯 가지 이길 수 없는 형세에 있으므로 여러 해가 지나도록 군주를 만나보지 못한다. 그러나 요직을 차지한 자는 다섯 가지 이길 수 있는 밑천이 있어 아침저녁으로 군주에게 나아가 홀로 의견을 말한다.

그렇다면 법술을 익힌 선비는 어떻게 해야 군주에게 나아갈 수 있고, 군주는 언제 이를 깨달을 수 있겠는가? 본디 밑천에서 결코 이길 수 없고 형세에서도 함께 존재할 수 없으니, 법술을 익힌 선비가 어찌 위태롭지 않을 수 있겠는가? 간사한 자들은 죄를 뒤집어씌울 수 있을 때는 공공의 법으로써 죽음으로 내몰고, 죄를 뒤집어씌울 수 없을 때는 자객을 사서 죽이려 한다. 이렇게 법술을 밝히려고 군주를 거스른 자는 형리에게 죽임을 당하지 않으면 반드시 자객의 칼에 죽임을 당한다.

무리를 짓고 한패를 이루어 군주의 눈과 귀를 가리며 왜곡된 말로써 사사로이 잇속을 챙기는 자는 반드시 중인(重人)의 신임을 받는다. 공을 세웠다는 구실을 붙일 만한 자는 관직과 신분을 높여주고, 그럴 듯한 명분이 없는 자는 외국의 세력을 빌려서라도 중용되도록 한다. 이런 까닭에 군주의 눈과 귀를 가리고 권세가의 문을 드나드는 자는 관직과 신분에서 현달하지 못하면 반드시 외국의 세력에 의해서라도 중용된다. 지금의 군주는 명목과 실질을 맞추어보지도 않고 형벌을 실행하고, 공적이 드러나기도 전에 관작과 녹봉을 준다. 그러니 법술을 익힌 선비가 어찌 죽음을 무릅쓰면서 간언을 하며, 간사한 신하가 어찌 이익을 제쳐두고 뒤로 물러서려 하겠는가? 이 때문에 군주는 더욱 비루해지고 권신은 더욱 존귀해진다.

월나라가 부유하고 군사력이 강하지만 중원의 군주들은 모두 월나라가 자신들에게 아무런 이익이 없다는 것을 알고 있다. 그래서 "우리가 통제할 수 있는 나라가 아니다"고 말한다. 이제 여기에 어떤 나라가 땅은 넓고 인구는 많은데 군주는 눈과 귀가 가려져 있고 대신들이 마음대로 권력을 휘두른다고 한다면, 이 나라는 월나라와 같다. 만약 자기 나라가 멀리 떨어져 있어 월나라와 다르다는 것만 알고 실제 통치는 월나라와 다르지 않다는 것을 알지 못한다면, 이는 사물의 실상을 제대로 살피지 못한 것이다.

사람들이 제나라가 망했다고 말하는 것은 땅과 성읍을 잃은 것을 가리키는 것이 아니라 여씨(呂氏)[1]가 통제하지 못하고 전씨(田氏)가 권력을 빼앗았음을 가리키며, 진(晉)나라가 망했다고 말하는 것 또한 땅과 성읍을 잃은 것을 가리키는 것이 아니라 희씨(姬氏)[2]가 통제하지 못하고 육경(六卿)[3]이 전횡을 일삼았음을 가리킨다.

---

1) 본래 제나라는 강태공으로 알려져 있는 여상(呂尙)의 후손들이 다스리던 나라였다.
2) 진(晉)나라는 주 왕조 초기 성왕(成王)의 아우인 당숙우(唐叔虞)가 봉토로 받아 다스리던 나라였으므로 주 왕실과 같은 희씨(姬氏)였다.
3) 진나라에서 실권을 장악하고 있었던 범(范)·중항(中行)·지(智)·조(趙)·위(魏)·한(韓) 등 여섯 대부들을 가리킨다. 나중에 이들 사이에서 다툼이 벌어져 마침내 조·한·위 세 대부들

이제 대신이 권력을 쥐고 제멋대로 행동하는데도 군주가 그 권력을 거두어들일 줄 모른다면, 그 군주는 명석하지 못한 것이다. 죽은 사람과 같은 병에 걸리면 살아날 수 없고, 망한 나라와 같은 일이 벌어지면 존속할 수 없다. 이제 제나라나 진나라와 같은 길을 걷는다면, 나라가 편안하게 존속되기를 바라더라도 그렇게 될 수가 없다.

무릇 법술이 실행되기 어려운 것은 전차 만 대의 나라에서만이 아니라 천 대의 나라에서도 마찬가지다. 군주의 측근에는 반드시 지혜로운 자가 있는 것이 아니다. 군주가 어떤 사람을 지혜로운 자라고 여겨 그의 말을 듣고는 다시 측근들과 그 말에 대해 논의한다면, 이는 어리석은 자와 함께 지혜로운 자를 평가하는 짓이다. 군주의 측근에 반드시 현명한 자가 있는 것은 아니다. 군주가 어떤 사람을 현명한 자라고 여겨 그를 예우하고는 다시 측근들과 그의 행동에 대해 논의한다면, 이는 못난 자들과 함께 현명한 자를 평가하는 짓이다. 어리석은 자에 의해서 지혜로운 자의 계책

이 진나라를 셋으로 나누어 각자 나라를 세웠고, 이때부터 전국시대가 본격적으로 시작되었다.

이 결정되고, 못난 자들에 의해 현명한 자의 언행이 평가받는다면, 현명한 자와 지혜로운 자는 치욕을 당하고 군주의 판단도 어그러진다.

신하가 관직을 얻으려 할 때, 수양한 선비는 청렴결백으로 제 몸을 다잡고, 지혜로운 선비는 잘 가려내고 다스리는 능력으로 업적을 쌓는다. 수양한 선비는 뇌물로 권세가를 섬기지 않고 자신의 청렴결백을 믿으며, 지혜로운 선비는 법을 굽혀서 다스리지 않는다. 수양한 선비나 지혜로운 선비는 군주의 측근에게 빌붙지 않고 또 청탁도 들어주지 않는다. 그러나 군주의 측근은 그 행동이 백이(伯夷)와 다르다. 바라는 것을 얻지 못하거나 뇌물을 받지 못하면, 깨끗하게 쌓은 공을 뭉개고 거짓을 꾸미며 헐뜯는다. 혼란을 다스린 공적이 군주의 측근에 의해 가로막히고 청렴한 행위가 비방 받을 일로 결정되면, 수양한 선비나 지혜로운 선비는 벼슬에서 쫓겨난다. 이는 군주의 총명이 가려졌기 때문이다. 그 공적을 가지고 지혜나 언행을 판단하지 않고 또 두루 견주어서 죄와 허물을 살피지 않으며 측근이나 친숙한 자의 말만 듣는다면, 무능한 자만 조정에 남고 어리석고 더러운 관리들만 자리를 차지한다.

큰 나라의 걱정거리는 대신의 권세가 너무 큰 데 있고, 작은 나라의 걱정거리는 측근이 너무 신임을 받는 데 있다. 이는 군주들의 공통된 걱정거리다. 또 신하는 큰 죄를 저지를 수 있고, 군주는 큰 허물을 지을 수 있는데, 이는 신하와 군주의 이익이 서로 다르기 때문이다. 어떻게 증명할 수 있는가? 말하자면 다음과 같다.

"군주의 이로움은 유능한 자를 임용하는 데 있고, 신하의 이로움은 무능한데도 자리를 차지하는 데 있다. 군주의 이로움은 공을 세운 자에게 작위와 녹봉을 주는 데 있고, 신하의 이로움은 공이 없는데도 부귀를 차지하는 데 있다. 군주의 이로움은 호걸에게 능력을 발휘하도록 하는 데 있고, 신하의 이로움은 붕당을 지어 자기 패거리를 기용하는 데 있다. 이로 말미암아 나라는 영토가 깎이고 있는데도 세도가의 집안은 부유해지고, 군주는 비천해지는데도 대신들은 세도가 막강해진다. 군주가 세력을 잃고 신하가 나라를 얻으면 군주의 명칭은 번신(藩臣)으로 바뀌고, 상국(相國)이 군주의 권력을 대신 행사하며 호령을 내린다. 이

165

는 신하가 군주를 속이고 사사로이 잇속을 챙겼
기 때문이다. 그러므로 지금 중신들 가운데 군주
를 에워싼 형세가 변했을 때에도 계속 총애를 받
을 수 있는 자는 열에 두셋도 안 된다. 그 까닭은
무엇인가? 신하가 저지른 죄가 크기 때문이다."

신하들 가운데 큰 죄를 지은 자는 군주를 속인
자니, 그 죄는 마땅히 사형에 해당한다. 지혜로운
선비는 멀리 내다보고 헛되이 죽는 것을 두려워
하므로 결코 권세를 휘두르는 중인을 따르지 않
는다. 현명한 선비는 몸을 닦아 청렴하고 간사한
신하와 함께 군주를 속이는 짓을 부끄러워하므로
결코 권세를 휘두르는 중인을 따르지 않는다. 그
러나 요직에 있는 무리는 어리석어서 앞날의 우환
을 미리 알지 못하는 자들이 아니면 반드시 마음
이 더러워서 간사한 짓을 피하지 않는 자들이다.

대신들이 어리석고 더러운 자를 옆에 끼고서 위
로는 군주를 속이고 아래로는 잇속을 챙기려고
눈을 희번덕거리고, 패거리를 지어 친하게 지내면
서 서로 입을 맞추어 군주를 미혹시키고 법을 무
너뜨리며, 백성들을 어지럽히고 나라를 위험에 빠
뜨려 영토를 깎이게 하여 군주를 끙끙 앓게 하고

치욕을 당하게 만드니, 이것이 신하의 큰 죄다. 신하가 큰 죄를 저지르는데도 군주가 막지 않는다면, 이는 군주의 큰 허물이다. 위에서 군주가 큰 허물을 짓고 아래에서 신하가 큰 죄를 저지른다면, 나라가 망하지 않기를 바라더라도 그렇게 될 수가 없다.

12장

세난(說難),
유세의 어려움

무릇 유세하기 어렵다는 것은 내가 알고 있는 것을 설득시키기 어렵다는 것이 아니고, 내 말솜씨로 내 뜻을 밝히기 어렵다는 것도 아니며, 감히 내 마음대로 내 뜻을 다 펼치는 것이 어렵다는 것도 아니다. 유세하기 어렵다는 것은 유세 대상의 마음을 알아내 거기에 맞게 내가 말할 수 있느냐 때문이다.

유세 대상이 명예를 높이는 데 마음이 있는데 이익이 두텁다고 설득하면, 지조가 낮고 비천하다고 여겨져 반드시 멀리 내쳐질 것이다. 유세 대상이 두터운 이익에 마음을 두고 있는데 명예를 높이는 것으로 설득하면, 생각이 없고 물정에 어둡다고 여겨져 결코 받아들여지지 않는다. 유세 대상이 속으로는 두터운 이익을 바라고 겉으로는 명예를 높이려는 척하는데 명예를 높이는 것으로 설득하면, 겉으로는 받아들이는 척하면서 실제로는 멀리한다. 반대로 두터운 이익으로써 설득하면, 속으로는 그 말을 쓰면서 겉으로는 그를 내칠 것이다. 그러니 이런 점을 살피지 않을 수 없다.

무릇 일이란 비밀스러워야 성공하고 말이 누설되면 실패한다. 꼭 자신이 누설하지 않더라도 이야기를 나누다가 숨긴 일을 건드리게 되면, 유세가는 위태로워진다. 상대가 겉으로 어떤 일을 하면서 실제로는 다른 일을 이루려고 하는데, 그가 겉으로 하는 일을 알 뿐만 아니라 그렇게 하려는 까닭까지 알게 되면, 유세가는 위태로워진다. 다른 일을 꾀한 것이 군주의 마음에 들었으나 어떤 자가 이를 헤아려 알아내고는 밖으로 누설하면 군주는 반드시 유세가가 그러했을 것이라 여길 것이니, 이렇게 되면 유세가는 위태로워진다.

군주와 가깝지도 그 은택이 두텁지도 않은데 아는 것을 다 털어놓으면 말한 대로 실행되어 공이 이루어지더라도 그 덕은 곧 잊혀지고, 말한 대로 실행되지 않고 실패하면 곧 의심을 받을 것이니, 이렇게 되면 유세가는 위태로워진다. 군주가 잘못할 기미를 보일 때 유세가가 예의를 말하면서 그 잘못을 들춰내면, 그는 위태로워진다. 군주가 계책을 얻어 그것을 자신의 공적으로 삼고 싶어 하는데 유세가가 그 내막을 알게 되면, 그는 위태로워진다. 군주가 할 수 없는 일을 억지로 강요하거나 그만둘 수 없는 일을 억지로 그만두게 하면, 유세가는 위태로워진다.

유세가가 대신에 대해 논평하면 군주는 유세가가 이간질하는 것으로 여기고, 하급 관리에 대해 논평하면 권력을 팔아 사사로이 은혜를 베풀려는 것으로 여기며, 군주의 총애를 받는 자에 대해 논평하면 그들의 힘을 빌리려는 것으로 여기고, 군주의 미움을 받는 자에 대해 논평하면 자기 마음을 떠보려는 것으로 여긴다. 유세할 때 줄여서 요점만 말하면 지혜가 없어 서투르다고 여기고, 이것저것 자질구레하게 늘어놓으면 말이 많고 엇갈린다고 여기며, 사실은 생략하고 취지만 펼치면 겁내고 나약하여 할 말을 다하지 못한다고 여

기고, 일을 잘 헤아려서 거침없이 말하면 메떨어
지면서 깔본다고 여긴다. 이러한 유세의 어려움은
잘 알지 않으면 안 된다.

유세할 때는 군주가 자랑하는 것은 두둔해주고
부끄러워하는 것은 덮어줄 줄 알아야 한다. 군주
가 몰래 서두르는 것이 있으면 반드시 공적인 의
의를 드러내 북돋아주어야 한다. 군주가 속으로
는 속되다고 여기면서도 그만두지 못하면, 유세
가는 그를 위해 그 좋은 점을 꾸며 부추겨주고 또
하지 않으면 다그친다. 군주가 속으로는 고상하
다고 여기면서도 실제로 능력이 미치지 못하면,
유세가는 그를 위해 문제점을 들며 나쁜 점을 보
여주고 또 하지 않은 것을 칭찬한다.

유세가가 자신의 지혜와 능력을 자랑하고 싶을
때는 비슷한 다른 일을 들어서 보여주고 그것을
바탕으로 자신의 주장을 군주가 받아들이게 하되
자신은 모르는 체하고 군주의 지혜가 돋보이도록
한다. 서로 이익이 되는 말을 받아들이게 하려면
반드시 훌륭한 명분으로써 밝히면서 군주 자신의
이익과도 부합한다는 것을 넌지시 보여주어야 한
다. 나라에 위태롭고 해가 되는 일을 말하려 할 때

는 세상의 비방을 드러내 보이면서 군주에게 우환이 될 수 있음을 넌지시 보여주어야 한다.

군주를 칭찬하려면 비슷한 행위를 들어 칭찬하고, 군주의 일을 바로잡으려면 똑같이 꾀한 일을 들어 일깨운다. 군주와 함께 추한 행동을 했다면 반드시 해로움이 없다면서 마무리하고, 군주와 함께 일을 그르쳤다면 반드시 군주에게는 허물이 없음을 분명히 말해준다. 군주가 자신의 역량을 과시할 때 어려운 일을 들먹이며 억눌러서는 안 되고, 군주가 자신의 결단을 자랑할 때 그 결점을 들추어 화나게 만들어서는 안 되며, 군주가 자신의 계책을 교묘하다고 여길 때 실패한 사례를 들어 궁지로 내몰아서는 안 된다.

유세가는 그 뜻이 상대를 거스르지 않도록 해야 하고, 그 말이 얽매이거나 쏠리지 않도록 해야 한다. 그런 뒤에야 자신의 지혜와 말솜씨를 거침없이 펼칠 수 있다. 이것이 군주와 가까워져도 의심받지 않고 할 말을 다 늘어놓을 수 있는 길이다.

이윤(伊尹)이 요리사가 되고 백리해(百里奚)가 종이 된 것은 모두 군주의 마음을 얻기 위해서였

다. 두 사람은 모두 성인이었음에도 오히려 천한
일을 함으로써 군주에게 나아가고자 했으니, 이
토록 자신을 굽혔다! 그러나 요리사나 종이 되었
더라도 자신의 말이 받아들여지고 쓰여서 세상을
구할 수만 있다면, 이는 결코 뛰어난 선비로서 부
끄러워할 일이 아니다. 무릇 오래도록 가까이 지
내면서 은혜를 두터이 입으면 깊은 계책을 내더라
도 의심받지 않고 논쟁을 벌여도 죄가 되지 않는
다. 그렇게 되었을 때 이해와 득실을 명확하게 따
져 공을 이루고 옳고 그름을 곧바로 지적하여 군
주를 바로잡으며 군주와 신하가 서로 떠받쳐준다
면, 이것으로 유세는 성공이다.

　옛날 정(鄭)나라 무공(武公)이 호(胡)를 치려고
하면서 먼저 딸을 호의 군주에게 시집보내 비위
를 맞추었다. 그리고는 신하들에게 물었다.
　"내가 군사를 일으키려는데, 어느 나라를 칠 만
한가?"
　대부 관기사(關其思)가 대답했다.
　"호를 칠만 합니다."
　무공이 성을 내어 그를 죽이면서 말했다.

"호는 형제의 나라다. 그런데도 그런 나라를 치라고 하니, 이게 무슨 소린가!"

이를 전해들은 호의 군주는 정나라와 친밀해졌다고 여겨 결국에는 어떠한 대비도 하지 않았다. 그 틈을 노려 정나라 군사가 호를 습격하여 나라를 빼앗아버렸다.

송(宋)나라에 어떤 부자가 있었다. 비가 내려 담장이 무너졌다. 그 아들이 말했다.

"담장을 고치지 않으면 반드시 도둑이 들 겁니다."

그 이웃집 노인도 똑같이 말했다. 그날 밤, 과연 도둑을 맞아 재물을 크게 잃었다. 그 집 사람들은 그 아들에 대해서는 매우 지혜롭다고 하면서 이웃집 노인에 대해서는 의심했다.

저 두 사람의 말은 모두 맞았으나, 심하게는 죽임을 당하고 약하게는 의심을 받았다. 이는 곧 아는 것이 어려운 게 아니라 알더라도 처신하는 일이 어렵다는 것을 의미한다. 그러므로 요조(繞朝)는 한 말이 들어맞아 그것으로 진(晉)나라에서는 성인으로 대접받았으나 정작 자기

나라인 진(秦)나라에서는 죽임을 당했다.[1] 그러
니 살피지 않을 수 없다.

옛날 미자하(彌子瑕)는 위(衛)나라 군주에게 총
애를 받았다. 위나라의 법에 "군주의 수레를 몰래
타는 자는 발꿈치를 자르는 월형(刖刑)에 처한다"
고 되어 있다. 미자하의 모친이 병이 들었을 때,
어떤 사람이 밤에 몰래 가서 미자하에게 알렸다.
미자하는 군주의 명령이라 속이고 군주의 수레를
타고 나갔다. 군주가 전해 듣고는 그를 칭찬했다.
"효자로다, 모친을 위하느라 발꿈치가 잘리는
형벌조차 잊었구나!"

그 후 어느 날 미자하가 군주와 함께 과수원을
거닐다가 복숭아를 따서 먹게 되었는데, 맛이 달
았다. 먹다가 남은 반을 군주에게 건네주며 먹게
하자, 군주가 말했다.

---

1) 이 일화는 『춘추좌전』 「노문공 13년」에 나온다. 요조는 진
(晉)나라가 진(秦)나라로 망명한 대부 사회(士會)를 계책을 써
서 데려오려고 했을 때, 그 속셈을 간파했다. 사회가 출발할 때,
요조는 "우리나라에서 진(晉)나라의 속셈을 아는 이가 없다고
생각하지 마시오"라고 말했다. 그러자 사회는 귀국한 뒤에 요조
의 능력이 자신을 크게 위협한다고 여겨 곧 첩자를 보내서 요
조를 무함(誣陷)했다. 진(秦)나라 강공(康公)은 이를 곧이듣고
요조를 처형했다.

"나를 아끼는구나, 제 입을 잊고 과인에게 맛보게 하니!"

세월이 흘러 미자하의 용모가 쇠하고 총애도 식었을 때, 군주에게 죄를 지었다. 군주가 말했다.

"이 자는 전에 과인의 수레를 속여서 탔고 또 과인에게 자신이 먹다 남은 복숭아를 먹게 한 적이 있다."

미자하의 행동은 처음과 달라진 것이 없으나, 전에 칭찬받았던 일로 나중에는 책망을 받게 되었다. 이는 사랑이 미움으로 변했기 때문이다. 군주로부터 사랑을 받을 때는 무슨 생각을 해도 군주와 맞아서 더욱 가까워지지만, 군주로부터 미움을 받을 때는 무슨 생각을 해도 군주와 맞지 않아 책망을 받고 더욱 멀어진다. 그러므로 간언을 하거나 논의를 펴려는 선비는 자신이 군주에게 사랑을 받는지 미움을 받는지를 살핀 뒤에 설득하지 않으면 안 된다.

무릇 용이란 짐승은 잘 길들이면 타고 다닐 수 있다. 그러나 그 턱밑에 한 자나 되는 역린(逆鱗)이 있는데, 만약 이를 건드리면 반드시 죽임을 당한다. 군주에게도 역린이 있다. 유세하는 자가 군

주의 역린을 건드리지 않을 수만 있다면, 그의 설
득은 거의 먹힌다.

13장

화씨(和氏),
화씨의 구슬

초나라 사람 화씨가 초산(楚山)에서 옥돌을 얻
자 이를 받들고 가서 여왕(厲王)에게 바쳤다. 여왕
은 옥장이를 시켜 감정했다. 옥장이가 말했다.

"돌입니다."

왕은 화씨가 자신을 속였다고 여겨 그의 왼쪽
발을 잘랐다. 여왕이 죽고 무왕(武王)이 즉위했다.
화씨는 다시 옥돌을 받들고 가서 무왕에게 바쳤
다. 무왕은 옥장이를 시켜 감정했다. 옥장이가 또
말했다.

"돌입니다."

왕은 화씨가 자신을 속였다고 여겨 그의 오른

쪽 발을 잘랐다. 무왕이 죽고 문왕(文王)이 즉위
했다. 화씨는 곧 옥돌을 안고 초산 아래에서 슬피
울었다. 사흘 밤낮을 울어 눈물이 말라 피눈물을
흘렸다. 문왕이 전해 듣고 사람을 시켜 까닭을 물
었다.

"천하에 발을 잘린 자는 많다. 그대는 어찌하
여 그렇게 슬피 우는가?"

화씨가 말했다.

"나는 발이 잘린 것을 슬퍼하는 게 아닙니다.
저 보옥을 돌이라고 하고 곧은 선비를 거짓말쟁
이로 몰아붙이는 것 때문에 슬퍼하는 것입니다."

문왕은 곧 옥장이를 시켜 그 옥돌을 다듬게 하
여 보옥을 얻었다. 이윽고 그것을 '화씨지벽(和氏
之璧)'이라 부르게 했다.

무릇 주옥(珠玉)은 군주라면 갖고 싶어 하는 것
이다. 화씨가 비록 다듬지 않은 옥돌을 바쳐 아름
답지 않을지라도 그것이 군주에게 해가 되지는
않는다. 그럼에도 화씨는 두 발이 잘린 뒤에야 보
옥이라는 평가를 받았는데, 보옥이라는 평가를
받는 것이 이토록 어려운 일이다. 그런데 군주들

은 결코 화씨지벽을 얻으려는 것처럼 서둘러서 법술을 얻으려고 하지 않는다. 그러나 그 법술이 있어야 뭇 신하들과 선비들, 백성들의 사사로움과 간사함을 막을 수 있다. 그렇다면 법술을 터득한 선비가 죽임을 당하지 않은 것은 다만 제왕의 보옥이라 할 법술을 아직 바치지 않았기 때문이다.

군주가 법술을 쓰면 대신들은 제 마음대로 처단하지 못하고 측근에 있는 자들도 관직을 함부로 팔지 못한다. 관리가 법대로 하면 떠돌던 백성들이 밭으로 달려가 경작하고 협객들은 전쟁터로 나가 위험을 무릅쓴다. 그러므로 법술은 곧 신하들과 선비들, 백성들에게는 화근이 된다. 군주가 대신들의 의견을 내치고 백성들의 비방을 모른 체하면서 오로지 법술의 논리를 따르지 않는다면, 법술을 터득한 선비가 죽음에 이르더라도 그 법술의 도리는 결코 평가받지 못하게 된다.

옛날 오기(吳起)는 초나라 도왕(悼王)에게 초나라 풍속에 대해 이렇게 일깨워주었다.

"대신들의 권한이 너무 크고, 영지를 받은 귀족들이 너무 많습니다. 이렇게 되면 위로는 군주를 핍박하고 아래로는 백성을 학대합니다. 이는 나

라를 가난하게 만들고 군대를 약하게 만드는 길
입니다. 영지를 받은 귀족의 자손이라도 3대가 지
나면 관작과 녹봉을 거두어들이고, 일반 관리의
녹봉은 끊거나 줄이며, 긴요하지 않은 관직은 줄
여서 이것으로 병사들을 잘 뽑아 훈련시키는 것
이 낫습니다."

도왕은 이를 실행했으나 1년 만에 세상을 떠났
고, 오기는 초나라에서 사지가 찢겨 죽었다.

상앙(商鞅)은 진(秦)나라 효공(孝公)에게 백성들
을 다섯 집씩 또는 열 집씩 묶어 서로 죄를 고발
하는 연좌제를 실시하도록, 『시경』과 『서경』을 불
태우고 법령을 밝히도록, 세도가에 사사로이 청탁
하는 일을 막고 나라를 위해 힘쓸 자에게 기회를
주도록, 벼슬을 구하러 돌아다니는 백성들을 막
고 농사지으면서 전쟁에 참여하는 자를 드러내도
록 건의했다. 효공은 그대로 실행하였고, 이로써
군주는 존엄해지고 편안해졌으며 나라는 부유하
고 강성해졌다. 효공이 18년 후에 세상을 떠나자
상앙은 수레에 몸이 찢겨 죽었다.

초나라는 오기의 의견을 쓰지 않아서 영토가 깎
이고 나라가 어지러워졌으며, 진나라는 상앙의 변

법을 시행하여 부유하고 강성해졌다. 두 사람의 주장은 모두 합당했음에도 오기는 사지가 찢겨 죽었고 상앙은 수레에 몸이 찢겨 죽었다. 그 까닭은 무엇인가?

대신들은 법이 실행되는 것을 괴로워했고 간사한 백성들은 나라가 다스려지는 것을 싫어했기 때문이다. 지금 천하를 보면 대신들은 권세를 탐하고 간사한 백성들은 혼란을 편안하게 여기고 있는데, 저 상앙과 오기가 활동하던 진나라와 초나라보다도 더 심하다. 게다가 군주 가운데는 도왕이나 효공처럼 귀를 잘 기울이는 자가 없으니, 이러고서야 법술을 터득한 선비가 어떻게 오기나 상앙처럼 위험을 무릅쓰고 자신의 법술을 밝힐 수 있겠는가? 지금 세상이 어지럽고 패왕(覇王)이 나타나지 않는 까닭이 여기에 있다.

14장

간겁시신(姦劫弑臣),
간사하고 겁주고 시해하는 신하

간사한 신하란 모두 군주의 뜻을 좇으면서 신임과 총애를 얻어 권세를 누리려는 자다. 이런 까닭에 군주에게 좋아하는 자가 있으면 신하도 따라서 그를 칭찬하고, 군주에게 미워하는 자가 있으면 신하도 좇아서 그를 헐뜯는다. 대체로 사람의 성품이란 갖거나 버리는 게 같으면 서로 인정하고 갖거나 버리는 게 다르면 서로 비방한다. 이제 신하가 칭찬하는 자를 군주도 그렇다고 하면 "갖는 게 같다"는 뜻의 '동취(同取)'라 하고, 신하가 헐뜯는 자를 군주도 그릇되다고 하면 "버리는 게 같다"는 뜻의 '동사(同舍)'라 한다. 갖거나 버리는 것이 똑같은데도 군주와 신하가 서로 거스른 다고 하는 일은 아직 들어본 적이 없다. 이것이 신하가 군주에게 신임과 총애를 얻는 길이다.

간사한 신하가 군주의 신임과 총애를 믿고 다른 신하들을 헐뜯거나 칭찬하고 나아가게 하거나 물러나게 하는 것은 군주가 법술로써 그들을 제어하지 않거나 증거를 조사하여 살피지 않아서가 아니다. 그것은 반드시 전에 신하가 한 말이 자신의 뜻에 맞았다는 것으로써 지금 신하가 하는 말을 믿어버렸기 때문이다. 이것이 총애 받는 신하가 군주를 속이고 사사로이 이익을 챙기는 근거다. 그러므로 반드시 군주는 위에서 속임을 당하고 신하가 아래에서 권세를 휘두른다. 이런 신하를 "군주를 마음대로 주무르는 신하"라는 뜻의 '천주지신(擅主之臣)'이라 한다.

나라에 '군주를 마음대로 주무르는 신하'가 있으면 다른 신하들은 지혜와 힘을 다하여 군주에게 충성하려고 해도 할 수 없고, 백관들도 법을 받들어 공을 세우려 해도 할 수 없게 된다. 어떻게 이를 아는가?

편안하고 이로운 데로 나아가고 위태롭고 해로

운 데서 떠나려는 것이 사람의 마음이다. 그런데 지금 신하로서 힘을 다해 공을 이루고 지혜를 다해 충성을 보여주려는 자는 그 몸이 고달프고 집안은 가난하며 아비와 자식이 함께 해를 입고 있다. 반면에 남몰래 간사한 짓을 하며 군주의 귀와 눈을 가리고 뇌물을 써서 중신들을 섬기는 자는 그 몸이 존귀해지고 집안은 부유해지며 아비와 자식이 온갖 혜택을 입고 있다. 그러니 사람이 무엇 때문에 편안하고 이로운 길을 버려둔 채 위태롭고 해로운 곳으로 나아가려 하겠는가?

나라를 다스리는 방법이 이처럼 잘못되어 있다면, 아래에서 간사한 짓을 하지 않고 관리가 법을 제대로 받들기를 군주가 바란다고 하더라도 그렇게 될 수 없다는 것은 자명하다. 그러므로 좌우에 있는 신하들은 지조와 신의를 지켜서는 편안해질 수 없다는 것을 알고 반드시 이렇게 말할 것이다.

"나는 충성과 신의로써 군주를 섬기고 힘써 공을 쌓아 편안함을 구했으나, 이는 눈먼 장님이 흑백을 구별하려는 것처럼 거의 불가능한 일이다. 법술로써 교화하고 바른 도리를 행하며 부귀는 좇지 않으면서 군주를 섬기고 편안해지려 한다면, 이는 귀머거리가 맑은 소리와 탁한 소리를 구별하려는 것처럼 더욱 불가능한 일이다. 이 두 가지로는 편안해질 수가 없으니, 내 어찌 패거리를 짓고 군주의 귀와 눈을 가리며 남몰래 간사한 짓을 하면서 중신(重臣)을 찾아가지 않을 수 있겠는가?"

이리하여 결코 군주에 대한 의리 따위는 돌아보지 않을 것이다.

백관들도 반듯하고 바르게 해서는 편안해질 수 없다는 것을 알고 반드시 이렇게 말할 것이다.

"나는 청렴함으로 군주를 섬기며 편안해지려 했으나, 이는 마치 그림쇠와 곱자도 없이 네모와 동그라미를 그리려는 것처럼 거의 불가능한 일이다. 만약 법을 지키고 패거리를 짓지 않으며 관직에 충실하면서 편안해지려 한다면, 이는 마치 발로 정수리를 긁는 것과 같아서 더욱 불가능한 일이다. 이 두 가지로는 편안해질 수 없으니, 내 어찌 법을 제쳐두고 사사로이 이익을 구하면서 중신을 찾아가지 않을 수 있겠는가?"

이리하여 결코 군주가 정한 법령 따위는 돌아보지 않을 것이다.

그러므로 사사로운 이익 때문에 중신을 위하는 자는 많아지고, 법을 지키며 군주를 섬기는 자는 적어진다. 이로 말미암아 군주는 위에서 고립되고, 신하들은 아래에서 패거리를 이룬다. 이것이 전성자(田成子)가 제나라 간공(簡公)을 시해하게 된 배경이다.

무릇 법술을 터득한 자가 신하가 되면, 법도에 맞는 그의 말이 효과를 드러내서 위로는 군주의 법을 밝히고 아래로는 간신을 억눌러 군주를 드높이고 나라를 평안하게 한다. 이런 까닭에 법도에 맞는 말이 앞에서 효과를 드러내면 나중에 상벌이 반드시 적절하게 실행된다. 군주가 진실로 성인의 법술에 밝아 세속의 의견에 얽매이지 않고, 명목과 실제를 요모조모 따져 옳고 그름을 결정하며, 실제 증거에 바탕을 두고 그 언사를 살핀다면, 늘 측근의 신하들은 거짓과 속임수로는 편안해질 수 없음을 알고서 반드시 이렇게 말할 것이다.

"내가 사사롭거나 간사한 짓을 그만두고 힘과 지혜를 다해 군주를 섬기지 않으며 서로 패거리를 지어서는 함부로 헐뜯거나 칭찬함으로써 편안함을 구한다면, 이는 천근이나 되는 무거운 짐을 지고 그 깊이를 헤아릴 수 없는 연못에 뛰어들면서 살기를 바라는 것처럼 거의 불가능한 일이다."

백관들 또한 사사롭거나 간사한 짓을 해서는 편안할 수 없다는 것을 알고 반드시 이렇게 말할 것이다.

"내가 청렴과 정직으로써 법을 받들지 않고 탐욕스런 마음으로 법을 어기며 사사로이 이익을 챙기려 한다면, 이는 마치 높은 산꼭대기에 올라가 까마득한 골짜기 아래로 떨어지면서 살기를 바라는 것처럼 거의 불가능한 일이다."

편안한 길과 위험한 길이 이처럼 분명하면 좌우의 신하들이 어찌 헛된 말로써 군주를 현혹시킬 수 있으며, 백관들이 어찌 감히 탐욕스럽게 백성들을 수탈할 수 있겠는가? 이런 까닭에 신하들은 충성을 다하며 군주의 귀와 눈을 가리지 않고, 하급관리들은 제 직분을 다하며 원망하지 않을 것이다. 이것이 관중이 제나라를 다스리고 상앙이 진나라를 부강하게 만든 배경이다.

이로써 보건대 성인이 나라를 다스릴 때는 참으로 남들이 나를 사랑하지 않을 수 없도록 하는 방

식이 있었고, 남들이 사랑으로 나를 위해주리라
고는 믿지 않았다. 남들이 사랑으로 나를 위해주
리라고 믿는 것은 위험하고, 나 자신이 하지 않을
수 없다고 믿는 것이 안전하다.

무릇 군주와 신하 사이에는 골육 간의 친밀함이
없으므로 정직한 방법으로 이익을 얻을 수 있다
면 신하는 힘을 다해 군주를 섬기지만, 정직한 방
법으로 편안해질 수 없다면 신하는 사사롭게 이
익을 꾀하며 군주에게 빌붙는다. 현명한 군주는
이를 알고 있으므로 무엇이 이롭고 무엇이 해로
운 길인지를 천하 사람들에게 보여줄 뿐이다. 그
래서 군주가 직접 백관들을 가르치지 않고 간사
한 자들을 가려내지 않더라도 나라는 이미 잘 다
스려진다.

군주가 이루(離婁)와 같은 밝은 눈이 있어서 현
명하다고 하는 게 아니고, 사광(師曠)처럼 밝은 귀
가 있어서 현명하다고 하는 게 아니다. 눈이 법술
을 따르지 않고 제 눈만으로도 밝게 볼 수 있다고
여긴다면, 제대로 보는 자가 적다. 이는 눈이 가려
지지 않게 하는 법술이 되지 못한다. 귀가 형세를
따르지 않고 제 귀만으로도 환히 들을 수 있다고

여기다면, 제대로 듣는 자가 적다. 이는 속임을 당하지 않는 방도가 되지 못한다.

현명한 군주는 천하 사람들이 나를 위해 보지 않을 수 없게 하고 천하 사람들이 나를 위해 듣지 않을 수 없게 한다. 그래서 몸은 궁궐 깊은 곳에 있으면서도 천하에서 일어나는 일을 환히 볼 수 있어 천하 사람들 누구도 군주의 귀와 눈을 가리거나 군주를 속일 수 없다. 왜 그런가? 군주를 현혹하고 어지럽히는 방법은 쓰이지 않고 군주가 총명해질 수 있는 형세가 일어나기 때문이다. 그래서 형세를 잘 따르면 나라가 평안해지고, 형세를 따를 줄 모르면 나라는 위태로워진다.

옛날 진(秦)나라의 풍속을 보면, 신하들이 법을 버려두고 사사롭게 이익을 챙겼기 때문에 나라는 어지러워지고 군대는 약해졌으며 군주도 낮아졌다. 그러나 상앙이 효공(孝公)을 설득하여 변법으로써 풍속을 바꾸고 공공의 도의를 밝히면서 간사한 자를 고발하면 상을 주고 상업을 억누르며 농사를 이롭게 여기도록 만들었다. 당시 진나라 백성들은 죄를 지어도 처벌을 면할 수 있고 공적이 없어도 현달할 수 있는 오랜 습속에 젖어 있었으므로 새로운 법을 가벼이 여기고 어겼다. 이에 법을 어긴 자에게는 무거운 벌을 내려 반드시 처벌한다는 것을 알리고, 그런 자를 고발한 자에게는 상을 두터이 내리며 법을 믿게 했다. 그리하여 간악한 짓을 하여 형벌을 받는 자가 매우 많아졌으므로 백성들이 그를 미워하고 원망하며 비난하는 소리가 날마다 들렸다. 그럼에도 효공은 전혀 아랑곳하지 않고 상앙의 변법을 그대로 실행했다.

나중에 백성들은 죄를 지으면 반드시 처벌을 받는다는 사실을 깨달았으며, 간사한 자를 고발하는 백성도 많아졌다. 그러자 백성들이 법을 어기지 않게 되어 형벌을 쓸 일도 없어졌다. 이것으로 나라는 다스려지고 군대는 강해졌으며, 땅은 넓어지고 군주는 존귀해졌다. 이렇게 된 까닭은 죄를 감추는 자를 엄중하게 처벌하고, 간사한 자를 고발하면 두텁게 상을 내렸기 때문이다. 이 또한 천하 사람들이 반드시 나를 위해서 보고 듣게 하는 방법이다. 지극하게 다스려지도록 하는 법술은 이렇게 이미 명확한데도 세상의 학자라는 자들은 이를 알지 못하고 있다.

세상의 어리석은 학자들은 치란의 본질을 알지도 못하면서 옛날의 책을 많이 외웠다고 시끄럽게 지껄여대며 당대의 통치를 어지럽힌다. 또 지혜와 사려가 부족해서 그 자신조차 재앙의 함정을 피하지 못하면서 법술을 터득한 자를 함부로 헐뜯는다. 저들의 말을 들으면 위태로워지고 그들의 계책을 쓰면 어지러워지니, 이야말로 더없이 어리석은 짓이며 지독한 우환이 되는 일이다. 저들은 법술을 터득한 선비와 마찬가지로 담론과 유세에 뛰어나다는 이름을 얻지만, 그 실질에서는 하늘과 땅 만큼이나 거리가 있다. 학자라는 이름은 같지만, 그 실질은 다르기 때문이다. 세상의 저 어리석은 학자들을 법술을 터득한 선비와 견주는 것은 마치 개밋둑을 큰 구릉에 견주는 것과 같으니, 실제로 그 둘은 아주 동떨어져 있다.

성인은 시비의 실질을 살피고 치란의 본질을 고찰한다. 그러므로 나라를 다스릴 때는 법을 분명하게 바로잡고 엄정한 형벌을 내세워 백성들이 문란하지 않게 하고, 천하의 재앙을 없애며, 강한 자가 약한 자를 능멸하지 않게 하고, 다수가 소수에게 난폭한 짓을 못하게 하며, 노인들이 수명을

다 누리게 하고, 아이들이 잘 자라도록 하며, 변방
은 침입을 받지 않게 하고, 군주와 신하들이 서로
가까워지게 하며, 아비와 자식이 서로 지켜주고
전쟁으로 죽거나 사로잡혀 가는 후환이 없게 한
다. 이것이 최상의 공적이다! 어리석은 학자는 이
를 알지 못하면서 도리어 '폭정'이라고 비난한다.

  어리석은 자는 다스려지기를 참으로 바라면서
도 다스리는 방법을 싫어하고, 모두들 위태로워
지는 것은 싫어하면서도 위태로워지는 짓을 즐겨
한다. 무엇으로 이를 아는가? 엄정한 형벌과 무거
운 처벌은 백성들이 싫어하는 것이지만, 나라를
다스리는 방법이다. 백성들을 가엾게 여겨서 형
벌을 가볍게 하는 것은 백성들이 기뻐하는 것이
지만, 나라가 위태로워지는 짓이다. 성인은 나라
에 법을 실행할 때 반드시 세속의 정서를 거스르
지만 법치의 원리를 따른다. 이런 이치를 아는 자
는 올바른 법술과는 함께하지만 세속의 편견과는
달리하며, 이런 이치를 알지 못하는 자는 올바른
법술과는 달리하면서 세속의 편견과는 함께한다.
천하에 이런 이치를 아는 자가 적으면 올바른 법
술은 그릇된 것으로 비난받는다. 법술을 펼 수 없

는 자리에 앉아 뭇 사람의 참소를 입고 세속의 언론에 허우적대면서 지엄한 천자를 거스르고도 안전해지려 한다면, 어찌 어렵지 않겠는가! 이것이 지혜로운 선비가 죽을 때까지 세상에 드러나지 않는 까닭이다.

초나라 장왕(莊王)의 아우인 춘신군(春申君)에게 여(余)라는 애첩이 있었다. 춘신군의 정처가 낳은 아들은 갑(甲)이라 했다. 애첩 여는 춘신군이 정처를 버리기를 바라서 제 몸에 상처를 내고는 춘신군에게 보이며 울면서 말했다.

"군의 첩이 된 것은 대단한 행복입니다. 그렇지만 부인을 따르고자 하면 군을 섬길 수가 없고, 군을 따르고자 하면 부인을 거스르게 됩니다. 소첩이 어리석은 까닭에 두 주군을 따르기에는 역부족입니다. 형세가 두 분을 모두 따를 수가 없으니, 부인께 죽임을 당하느니 차라리 군 앞에서 죽겠습니다. 소첩이 사약을 먹고 죽은 뒤에 다시 총애하는 여인이 있게 되면, 군께서는 반드시 이를 살펴 부디 사람들에게 비웃음을 사는 일이 없도록 하십시오."

춘신군은 애첩 여의 거짓을 그대로 믿고는 정실

194

부인을 버렸다. 애첩 여는 또 정실의 아들인 갑을 죽이고 자신의 아들로 뒤를 잇게 하고 싶었다. 그래서 자신의 속옷 안쪽을 직접 찢어서는 춘신군에게 보이며 울면서 말했다.

"소첩이 군의 총애를 입은 지가 오래되었고, 갑이 이를 모를 리가 없습니다. 그런데 이제 소첩을 억지로 희롱하려 했습니다. 소첩은 그와 다투다가 이렇게 옷이 찢어졌습니다. 자식된 자로서 이보다 더 큰 불효는 없습니다."

춘신군은 단단히 성이 나서 갑을 죽였다. 정실은 애첩 여의 거짓에 속아 버림받았고, 아들은 죽임을 당했다. 이로써 보건대 아비의 자식에 대한 사랑도 다른 사람의 헐뜯음에 훼손될 수 있는데, 하물며 군주와 신하의 사이는 아비와 자식 사이처럼 친밀하지 않음에랴! 게다가 여러 신하들이 헐뜯는 말은 고작 한 명의 첩이 헐뜯는 것과는 다르니, 저 현자나 성인이 죽임을 당하는 것이 어찌 괴이하리오! 이것이 상앙이 진나라에서 수레에 찢겨 죽고 오기(吳起)가 초나라에서 사지가 찢겨 죽은 까닭이다.

무릇 신하는 죄를 짓고도 벌을 받지 않기를 바

라고 공적이 없어도 모두 존귀해지기를 바란다. 그러나 성인이 나라를 다스리면 공적이 없는 자에게는 상이 주어지지 않고 죄를 지은 자에게는 반드시 형벌이 실행된다. 그런데 법술을 터득한 자가 신하가 되면 처음부터 군주 측근의 간사한 신하들에게 해를 입게 되니, 현명한 군주가 아니고는 이를 제대로 판단할 수 없다.

세상의 학자들은 군주를 타이를 때 "위엄 있는 권세를 이용해서 간사한 자를 내치십시오"라고 말하지 않고, 저마다 "어짊과 의로움, 은혜와 사랑이 있을 뿐입니다"라고 말한다. 세상의 군주들은 어짊과 의로움이라는 그럴듯한 이름에 끌려 그 실상을 살피지 않는다. 이런 까닭에 크게는 나라가 망하고 군주가 죽으며, 작게는 땅이 깎이고 군주의 처지가 비천해진다. 무엇으로써 알 수 있는가?

무릇 가난하고 어려운 자에게 베풀어주는 것을 세상에서는 어짊과 의로움이라 하고, 백성들을 가엾게 여겨서 차마 처벌하거나 죽이지 못하는 것을 세상에서는 은혜와 사랑이라 한다. 그러나 가난하고 어려운 자에게 베풀어주면 공이 없는 자가 상을 받게 되고, 처벌하거나 죽이지 못하면 폭력과 혼란이 그치지 않는다. 나라에 공이 없는 자가 상을 받게 되면, 백성들은 밖으로는 적과 싸울 때 적의 머리를 베는 데 힘쓰지 않고, 안으로는 힘써 밭을 갈거나 일하지 않으면서 모두 뇌물을 써서 부귀한 자를 섬기며 자신에게만 좋은 일을 하거나 명예를 얻어서 벼슬을 높이고 두둑한 녹봉을 얻으려 할 것이다. 그리하여 간사한 신하는 더욱 많아지고, 폭력과 혼란을 일삼는 무리가 더욱 기승을 부리니, 어찌 망하지 않기를 바라겠는가?

무릇 엄한 형벌은 백성들이 두려워하는 것이고, 무거운 처벌은 백성들이 싫어하는 것이다. 그래서 성인은 백성들이 두려워하는 것을 펴서 사악한 짓을 금했고, 싫어하는 것을 세워 간사한 짓을 막았다. 그것으로 나라는 평안하고 폭력과 혼란은 일어나지 않았다. 나는 이로써 어짊과 의로움, 은혜와 사랑은 나라를 다스리는 데 쓰기에 부족하고, 엄한 형벌과 무거운 처벌이라야 나라를 다스릴 수 있음을 밝혔다.

매질과 채찍질의 위협이나 재갈을 물리는 구속이 없으면 비록 조보(造父)라 할지라도 말을 복종

시킬 수 없고, 그림쇠와 곱자의 기준이나 먹줄의
반듯함이 없으면 비록 왕이(王爾)라 할지라도 네
모나 동그라미를 그릴 수 없다. 위엄 있는 권세와
상벌의 원칙이 없으면, 비록 요나 순 임금이라도
다스릴 수 없다. 지금 세상의 군주들은 모두 엄중
한 형벌은 가볍게 여기거나 버려두고 사랑과 은
혜를 베풀면서 패왕의 공업을 이루려고 하는데,
이는 거의 불가능한 일이다.

군주 노릇을 잘 하는 자는 상을 분명하게 하고
이익을 제시하여 격려하며 세운 공에 따라 상을
줌으로써 백성들을 부리지, 어짊과 의로움에 의거
하여 상을 내리지 않는다. 엄한 형벌과 무거운 처
벌로써 간사한 짓을 금하고 죄에 따라 처벌함으
로써 백성들을 부리지, 사랑과 은혜로써 죄를 벗
겨주지 않는다. 이런 까닭에 공이 없는 자는 상을
바라지 않고, 죄가 있는 자는 요행으로 벗어나려
하지 않는다.

튼튼한 수레나 훌륭한 말을 타면 험한 고갯길
도 가뿐히 넘을 수 있고, 안전한 배를 타고 편리
한 노를 저으면 장강이나 황하 같은 거친 강물도
헤쳐 나갈 수 있듯이 법술을 잘 쥐고 엄중한 형

벌을 실행하면 패왕의 공업을 이룰 수 있다. 나라를 다스리면서 법술을 쓰고 상벌을 실행하면 마치 육로를 갈 때 튼튼한 수레나 훌륭한 말을 타고 물길을 다닐 때 가벼운 배와 편리한 노를 쓰는 것과 같다. 법술과 형벌을 잘 타면 목적을 이룰 수 있다.

이윤이 법술을 터득한 덕분에 탕왕은 왕자(王者)가 될 수 있었고, 관중이 법술을 터득한 덕분에 제나라는 패자(覇者)가 될 수 있었으며, 상앙이 법술을 터득한 덕분에 진나라는 부강해질 수 있었다. 이 세 사람은 모두 패왕의 법술에 밝았고 부국강병의 방책을 꿰뚫어보았기 때문에 세속의 견해에 끌려다니지 않았다. 그들은 군주의 마음에 들었으므로 등용되어 포의(布衣)의 선비에서 단박에 경상(卿相)의 지위에 올랐고, 맡은 자리에서 나라를 다스리자 군주를 드높이고 영토를 넓히는 공적을 세웠다. 이들이야말로 존귀한 신하라 할 만하다.

탕왕은 이윤을 얻은 덕분에 사방 1백 리의 땅으로도 천자의 자리에 올랐고, 환공은 관중을 얻은 덕분에 춘추오패의 으뜸이 되어 제후들을 아

흡 번 규합하고 천하를 바로잡는 업적을 이루었
으며, 효공(孝公)은 상앙을 얻은 덕분에 영토가 넓
어지고 군대는 강성해졌다. 그러므로 충신이 있으
면, 밖으로는 적국의 침략을 받을 일이 없고 안으
로는 혼란을 조장할 신하가 없다. 천하를 오래도
록 안정시키고 그 이름을 후세에 드리우는 자, 그
런 자를 충신이라 한다.

저 예양(豫讓)[1]은 지백(智伯)의 가신이 되었을
때, 위로는 군주를 설득해 법술의 도리로써 재앙
과 환난을 피하게 하지 못했고, 아래로는 민중들
을 거느리고 제어하여 나라를 편안하게 하지 못
했다. 조양자(趙襄子)가 지백을 죽이자 예양은 스
스로 이마에 먹물을 들이고 코를 베어 자신의 외
모를 일그러뜨려서는 지백을 위해 조양자에게 원
수를 갚으려 했다. 비록 제 몸을 잔혹하게 다루
고 죽이면서 군주를 위했다는 이름은 얻었으나,
실제로는 지백에게 가을터럭만큼도 보탬이 되지

1) 춘추시대 말기 진(晉)나라의 여섯 대부들 가운데 가장 강력
했던 지백으로부터 두터운 예우를 받았기 때문에 나중에 지
백이 한씨 및 위씨의 군대를 이끌고 조씨를 치러 갔다가 패배
해서 조양자에게 죽임을 당하자 조양자를 원수로 여겨 지백
을 위해 여러 차례 복수를 꾀했으나 실패하였다.

않았다. 이것이 내가 그를 하찮게 여기는 이유다. 그럼에도 세상의 군주들은 그를 충성스럽다며 높이 평가한다.

옛날 백이와 숙제는 주나라 무왕이 천하를 넘겨주려고 하자 받지 않았고, 둘 다 수양산에서 굶어 죽었다. 이런 신하들은 엄중한 형벌도 두려워하지 않고 두터운 상도 이롭게 여기지 않으니, 벌로써 금할 수 없고 상으로써 부릴 수도 없다. 이런 자들을 '무익한 신하'라 한다. 내가 이들을 하찮게 여겨 내쳐야 한다고 한 까닭이 이것인데, 세상의 군주들은 그들을 대단하게 여기며 그들을 구하려 애쓰고 있다.

속담에 "문둥이가 왕을 불쌍히 여긴다"는 말이 있다. 이는 불손한 말이다. 그렇지만 예부터 근거 없는 속담은 없었으니, 자세히 살피지 않을 수 없다. 여기서 왕은 신하에게 겁박당하거나 죽임을 당한 군주를 두고 한 말이다.

군주가 법술도 없이 신하들을 제어하려 들면, 아무리 나이 많고 뛰어난 자질을 지닌 대신이라도 권세를 쥐고 정사를 마음대로 하며 함부로 결단을 내리면서 각자 사사로운 잇속을 챙기기

에 급급해 한다. 게다가 군주의 부모형제나 호걸
스런 선비들이 군주의 힘을 빌려 자신들을 억누
르거나 벌을 주지 않을까 두려워하여 현명하고
나이 든 군주는 시해하고 어리고 약한 군주를 대
신 세우며 적자를 폐하고 올바르지 않은 서자를
세운다. 그래서 『춘추』에서도 이렇게 기록되어
있다.

"초나라 왕자 위(圍)가 정(鄭)나라에 사절로 가
게 되었는데, 국경을 미처 넘기 전에 왕에게 병이
났다는 소식을 듣고는 곧바로 돌아왔다. 문병한
다는 핑계로 들어가서는 갓끈으로 왕의 목을 졸
라서 죽이고, 마침내 스스로 왕위에 올랐다. 제나
라의 대부 최저(崔杼)는 그 아내가 미인이었는데,
장공(莊公)이 그녀와 정을 통한 뒤 자주 최저의 내
실을 드나들었다. 어느 날 장공이 최저의 집으로
갔을 때, 가거(賈擧)[2]가 최저의 무리를 이끌고 장
공을 쳤다. 장공은 내실로 들어가서는 최저에게
나라를 나누어주겠다며 빌었으나, 최저는 듣지
않았다. 장공은 묘당에서 스스로 목숨을 끊을 수
있게 해달라고 빌었으나, 최저는 이것도 들어주지

---

2) 본래는 장공을 모셨으나, 매를 맞고서 앙심을 품고 있었다.

않았다. 장공은 곧바로 달아나 뒤쪽의 담을 넘으려 했으나, 가거가 장공에게 활을 쏘아 정강이를 맞혔다. 장공은 담에서 떨어졌고, 최저의 무리가 창으로 찔러 죽였다. 그리고는 장공의 아우인 경공(景公)을 세웠다."

이는 근래에도 볼 수 있었던 일이다. 이태(李兌)는 조나라에서 기용되어 권력을 쥐자 군주인 주부(主父)3)를 굶겨 죽였고, 요치(淖齒)는 제나라를 도우러 갔다가 재상이 되자 민왕(湣王)의 힘줄을 뽑고 종묘의 대들보에 밤새 매달아 두어 죽게 만들었다. 그러므로 문둥이는 비록 온몸에 종기가 나고 헐어 딱지가 앉아도 저 옛날 『춘추』의 일들과 견주어보면 목이 졸려 죽거나 정강이에 화살을 맞는 지경에는 이르지 않았고, 요즘의 일들과 견주어보더라도 굶어 죽거나 힘줄을 뽑혀 죽는 데까지는 이르지 않았다. 따라서 신하에게 겁박당하거나 죽임을 당한 군주가 느꼈을 마음속 걱정과 두려움, 몸의 고통은 분명히 문둥이보다 더

---

3) 조나라를 강성하게 만들었던 무령왕(武靈王)을 가리킨다. 그는 아들인 태자 하(何)에게 보위를 넘기고는 상왕이 되자 스스로 '군주의 부친'이라는 뜻의 '주부(主父)'로 일컬었다.

심했을 것이다. 이로써 보건대 문둥이가 왕을 불쌍히 여긴다 하더라도 옳다: